Willkommen in Deutschland

Mathematik II

Für Kinder nicht deutscher Herkunft

Das Übungsheft

Nina Simon · Hendrik Simon

Name: ______________________________

Klasse: __________

Quellennachweis

S. 13 Zirkel © Petro Perutskyi – 123rf; S. 25 Louvre © Pixabay; Schuhkarton © Clipdealer; Eis © Everest Adv – stock.adobe.com; Warentrenner © commons.wikimedia.org; Tennisball © Guzel Studio – stock.adobe.com; Dose Chili © George Tsartsianidis – 123rf; Würfel © porpeller – 123rf

Bestell-Nr. 3504-56 · ISBN 978-3-619-35456-6

www.mildenberger-verlag.de
E-Mail: info@mildenberger-verlag.de
Auflage 4 3 2 1
Jahr 2021 2020 2019 2018

Redaktion: Sebastian Tonner
Illustrationen: tiff.any GmbH, Berlin/Jennifer Wenzel
Layoutkonzeption: tiff.any GmbH, Berlin
Gestaltung und Satz: tiff.any GmbH, Berlin
Druck: PASSAVIA Druckservice GmbH & Co. KG, Passau

Mildenberger

		«هونْدَت»	«تاوْزِنْت»
0 null			
1 eins	10 zehn	100 (ein)**hundert**	1 000 (ein)**tausend**
2 zwei	20 zwanzig	200 zwei**hundert**	
3 drei	30 dreißig	300 drei**hundert**	
4 vier	40 vierzig	400 vier**hundert**	
5 fünf	50 fünfzig	500 fünf**hundert**	
6 sechs	60 sechzig	600 sechs**hundert**	
7 sieben	70 siebzig	700 sieben**hundert**	
8 acht	80 achtzig	800 acht**hundert**	
9 neun	90 neunzig	900 neun**hundert**	

1 Zeichne Trennstriche in das Zahlwort und lege die Zahl.

achthundert|sieben|und|sechzig

800 7 60 8 6 7 867

einhundertneununddreißig

zweihundertsechzehn

fünfhunderteinundzwanzig

2 Lege die Zahl mit den Zahlenkarten. Schreibe das Zahlwort.

378 300 7 8 *dreihundertachtundsiebzig*

444

952

129

507

610

3 Trage die fehlenden Zahlen ein.

472 = 400 + 2 + 70
٤٠٠ + ٧٠ + ٢ = ___

164 = ___ + ___ + ___
___ + ___ + ___ = ___

___ = ___ + ___ + ___
___ + ___ + ___ = ٩٥٣

___ = ___ + ___ + ___
٧٠٠ + ٨٠ + ١ = ___

4 Verbinde.

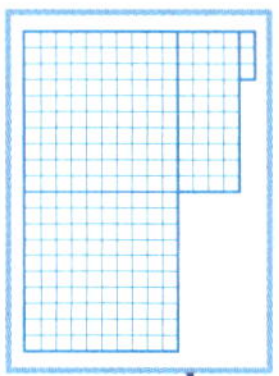

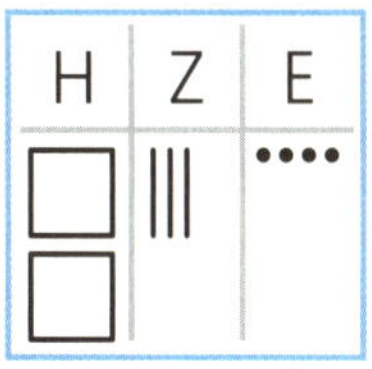

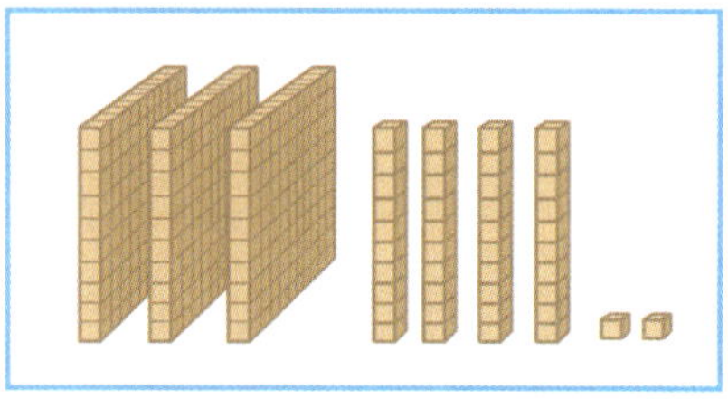

H	Z	E
2	3	4

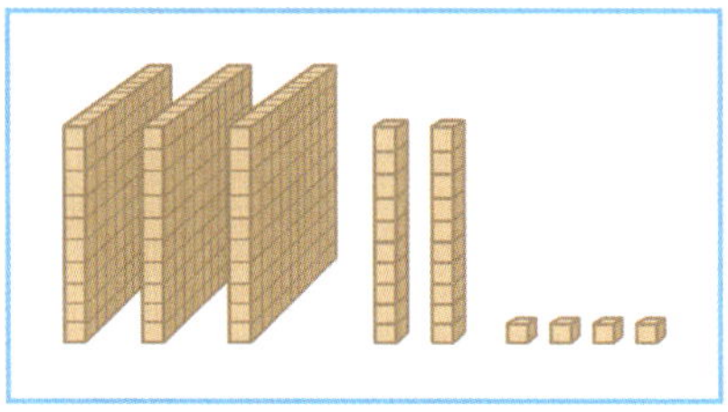

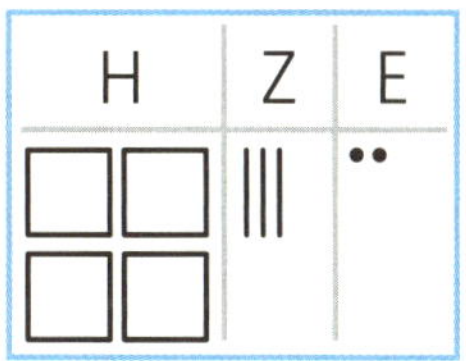

zweihundertdreiundvierzig

H	Z	E
4	2	3

vierhundertdreiundzwanzig

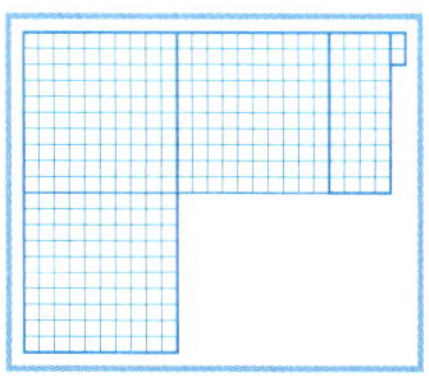

432

324

Bündeln «بونْدِلْن»

Entbündeln «إنْتْبونْدِلْن»

1 Bündle.

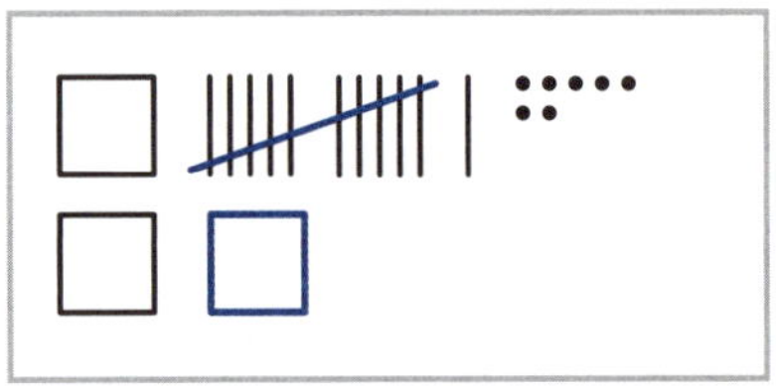

H	Z	E	=	H	Z	E
2	11	7		3		

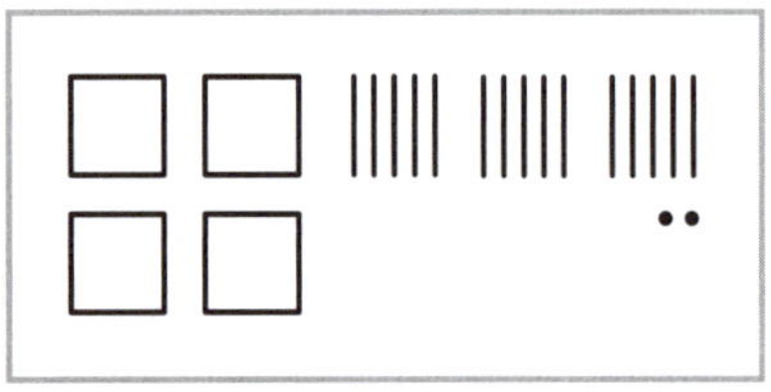

H	Z	E	=	H	Z	E
4	15	2				

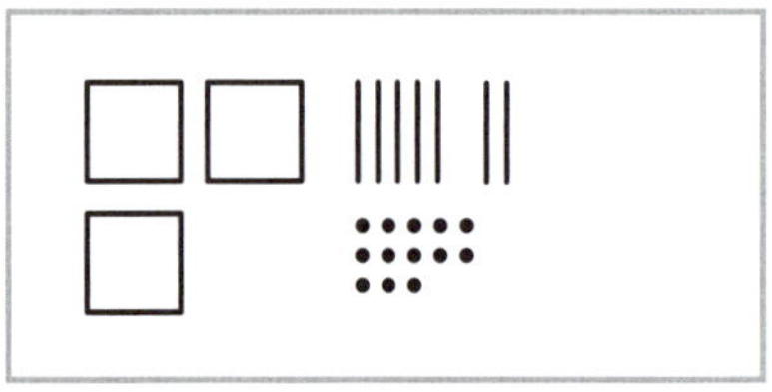

H	Z	E	=	H	Z	E
3	7	13				

2 Entbündle

a) einen Zehner,

H	Z	E	=	H	Z	E
3	9	5		3	8	15

b) einen Zehner,

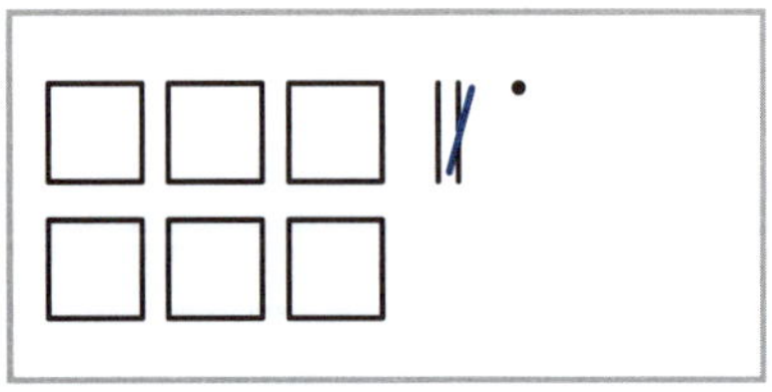

H	Z	E	=	H	Z	E
6	2	1				

c) einen Hunderter.

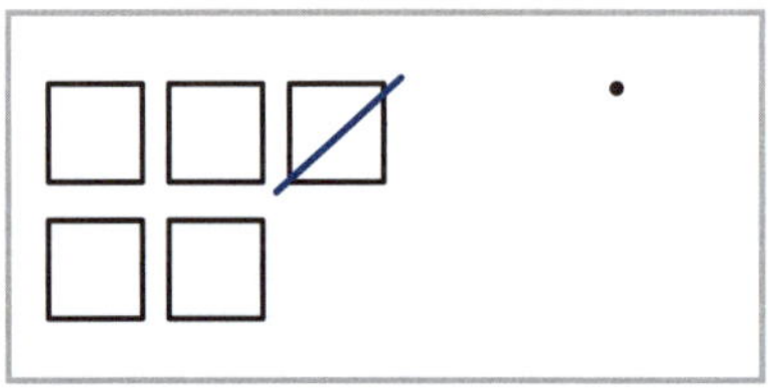

H	Z	E	=	H	Z	E
5	0	1				

1 Trage die Nachbarzehner ein.
Runde auf Zehner.

320 < 322 < 330
322 ≈ 320

< 165 <
165 ≈

< 974 <
974 ≈

< 469 <
469 ≈

< 975 <
975 ≈

2 Trage die Nachbarhunderter ein.
Runde auf Hunderter.

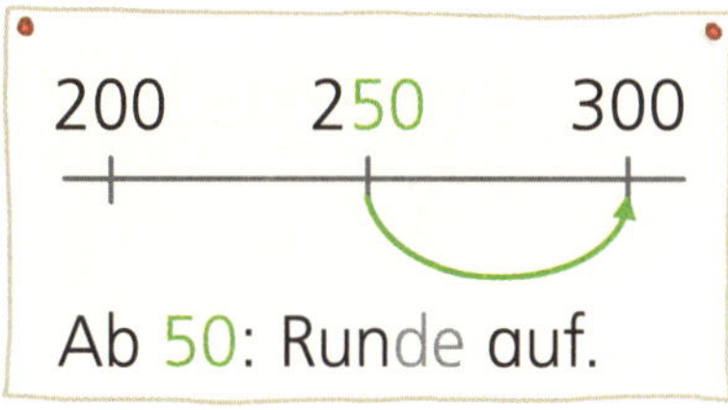

< 599 <
599 ≈

< 250 <
250 ≈

< 712 <
712 ≈

< 127 <
127 ≈

< 351 <
351 ≈

3 Verbinde die Zahl mit dem gerundeten Wert.

252 | 845 | ٨٠٠ | ٢٠٠
194
86 | ١٠٠ | ٦٠٠
٥٠٠
519
591 | 850 | ٩٠٠ | ٣٠٠

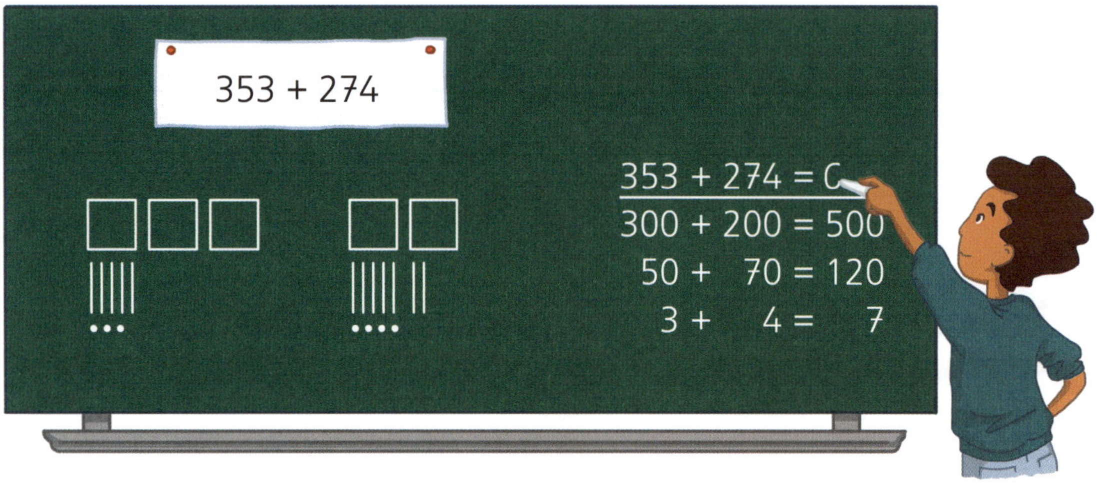

1 Zeichne Hunderter, Zehner und Einer. Rechne wie das Kind an der Tafel.

236 + 147	472 + 288
236 + 147 = ___	472 + 288 = ___
200 + 100 = ___	___ + ___ = ___
30 + 40 = ___	___ + ___ = ___
6 + 7 = ___	___ + ___ = ___

2 Rechne.

429 + 393 = 822
400 + 300 = 700
20 + 90 = 110
9 + 3 = 12

641 + 276 =

117 + 432 =

237 + 446 =

900	~~20~~
80	3
~~800~~	9
7	40
600	~~2~~
500	10

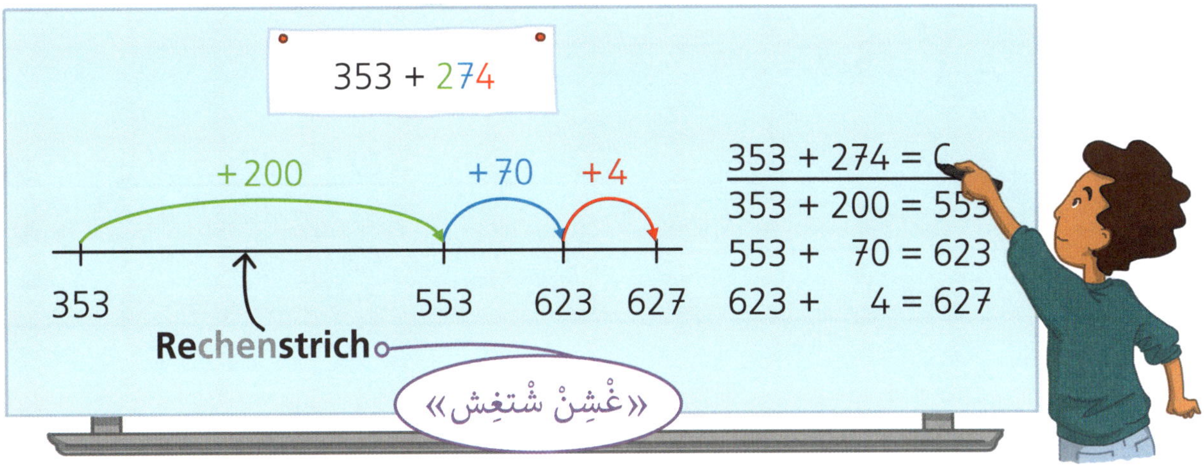

1 Rechne am Rechenstrich.

+300

425

425 + 346 =

167

167 + 671 =

521

521 + 248 =

258

258 + 644 =

2 Rechne.

407 + 555 = 962
407 + 500 = 907
907 + 50 = 957
957 + 5 = 962

373 + 521 =

147 + 496 =

555 + 407 =

sechshundert
~~neunhundert~~
achthundert
neunhundert
sechzig
~~sechzig~~
vierzig
neunzig
drei
~~zwei~~
vier
zwei

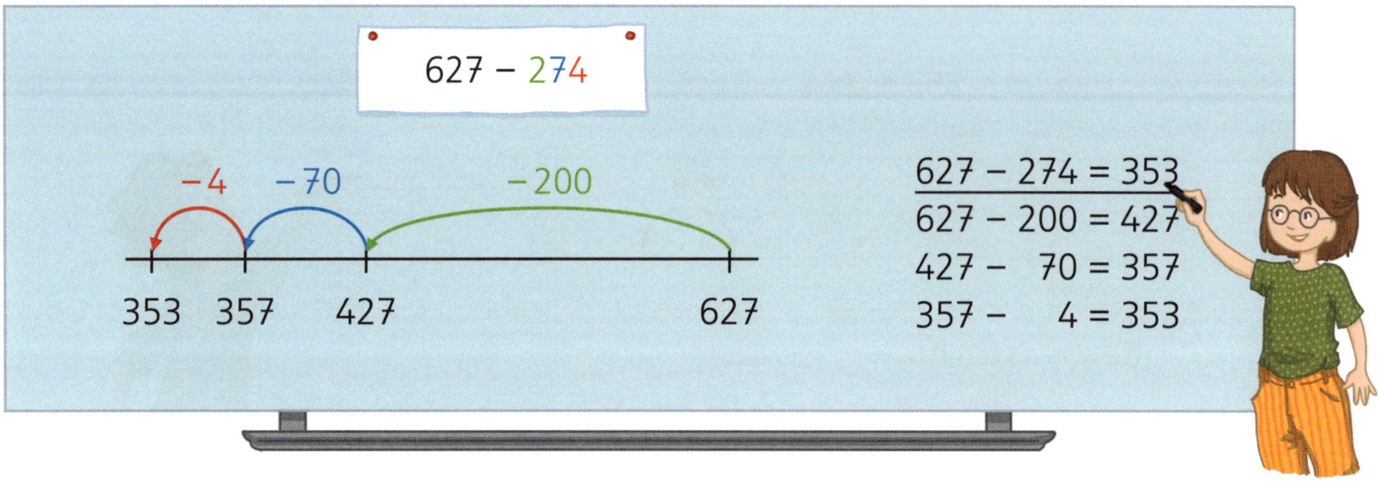

1 Rechne am Rechenstrich.

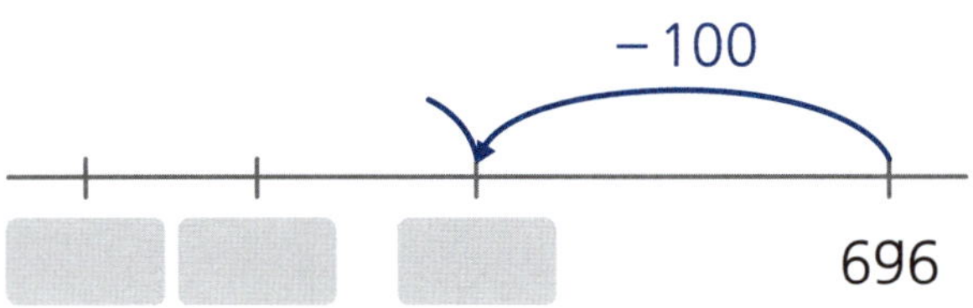

696 − 135 =

981 − 624 =

418 − 255 =

804 − 385 =

2 Rechne.

dreihundertvierundachtzig minus einhundertachtzehn

300 4 80 100 8 10 384 − 118

siebenhundertsiebzig minus zweihundertfünfundzwanzig

−

384 − 118 =

1 Verbinde die Aufgaben mit dem Überschlag. Rechne den Überschlag.

365 + 528	Ü: 600 – 100 =	
622 – 189	Ü: 700 + 200 =	
676 + 142	Ü: 400 + 500 = 900	365 + 528 ≈ 900
698 + 176	Ü: 600 – 200 =	
631 – 117	Ü: 700 + 100 =	

2 Rechne den Überschlag. Rechne dann genau.

427 + 196

Ü: + =

genau: 4 2 7 + 1 9 6 =

938 – 644

3 Rechne den Überschlag.

٦٠٧ + ٢٢٨ 　 ٣٧٩ + ٥١ 　 ٤٩٠ + ٤٠٩

Ü: + = 　 Ü: + = 　 Ü: + =

SPORTVEREIN BOLLINGEN

	Mädchen	Jungen
Fußball	12	48
Judo	19	21
Turnen	32	8
Schwimmen	43	47

Tabelle «تابيلِه»

Diagramm «دياغرام»

1 Trage die richtigen Zahlen aus der Tabelle ein.

12 Mädchen spielen Fußball.

☐ Jungen turnen.

☐ Mädchen turnen.

☐ Jungen schwimmen.

☐ Mädchen machen Judo.

☐ Jungen spielen Fußball.

2 Trage die richtigen Zahlen aus dem Diagramm ein.

☐ Kinder spielen Fußball.

☐ Kinder schwimmen.

☐ Kinder turnen.

☐ Kinder machen Judo.

3 Rechne mit den Zahlen aus der Tabelle.

a) Wie viele Jungen turnen oder machen Judo? ☐ + ☐ = ☐

☐ Jungen turnen oder machen Judo.

b) Wie viele Mädchen turnen oder schwimmen? ☐ + ☐ = ☐

☐ Mädchen turnen oder schwimmen.

4 Rechne mit den Zahlen aus dem Diagramm.

Wie viele Kinder sind im Verein? ☐ + ☐ + ☐ + ☐ = ☐

☐ Kinder sind im Verein.

1 Fülle die Tabelle aus.
Male die Formen an.

Form	Anzahl	Farbe
Dreieck	4	rot
Viereck		lila
Fünfeck		gelb
Sechseck		blau
______		grün

2 Zeichne.

Ein rotes Viereck	Ein gelbes Achteck	Drei Fünfecke

3 Miss die Seiten mit dem Lineal.
Schreibe den Namen der Form.

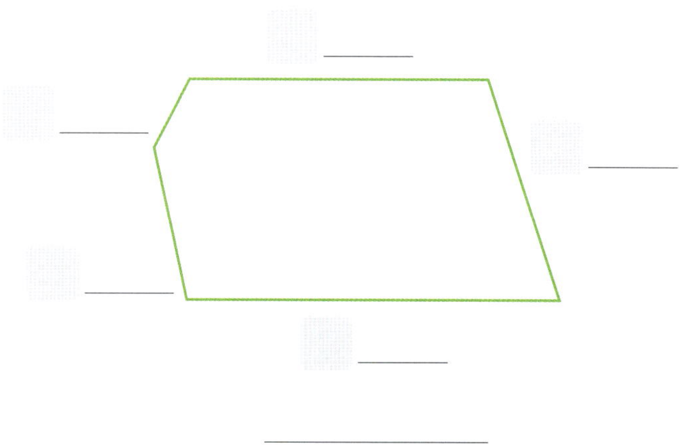

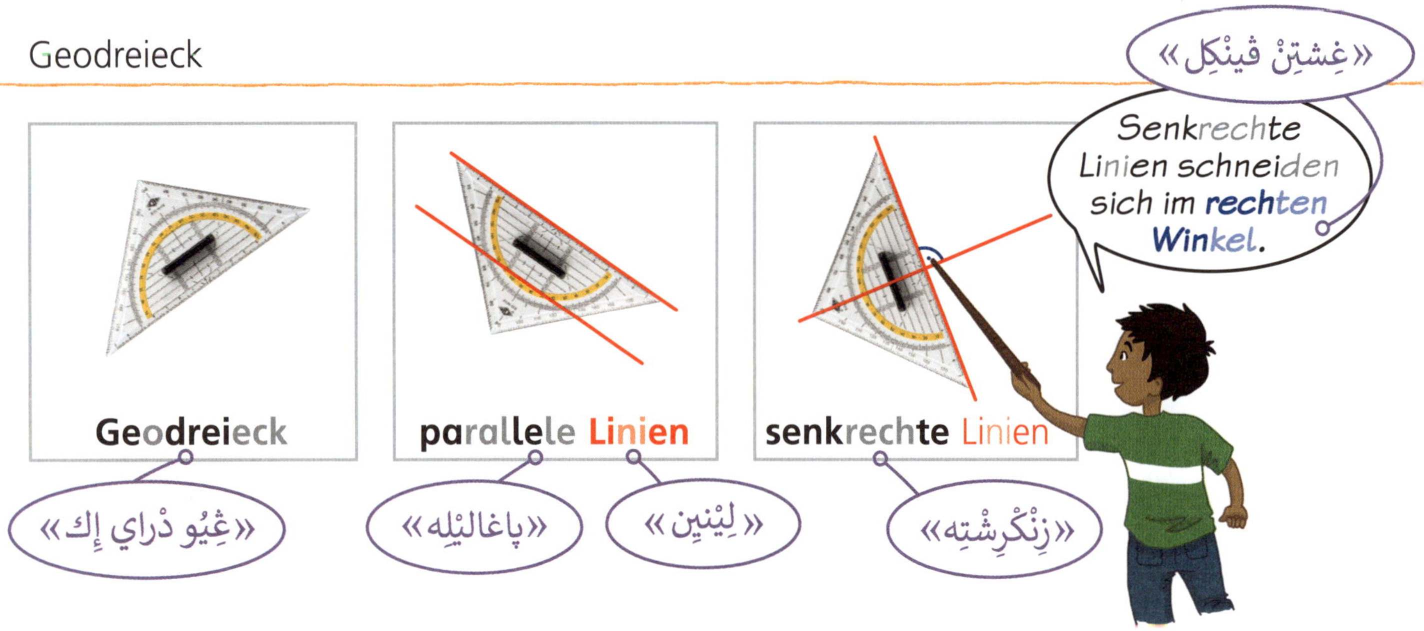

1 Richtig ✓ oder falsch ✗?

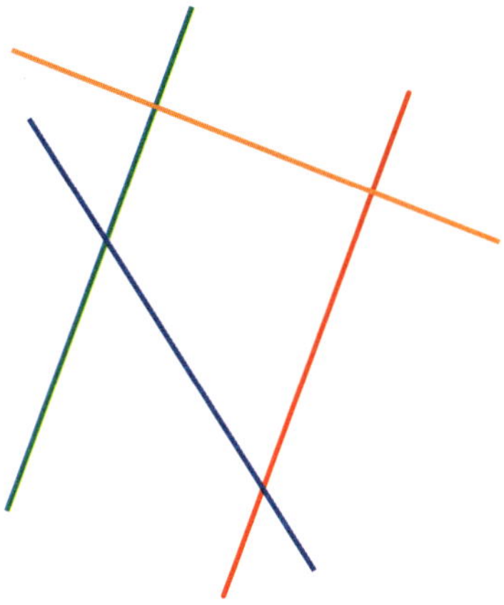

Die rote Linie und die grüne Linie sind parallel. ☐

Die blaue Linie und die rote Linie sind senkrecht zueinander. ☐

Die grüne Linie und die orange Linie sind senkrecht zueinander. ☐

Die blaue Linie und die orange Linie sind parallel. ☐

2 Markiere alle rechten Winkel mit ⊾.

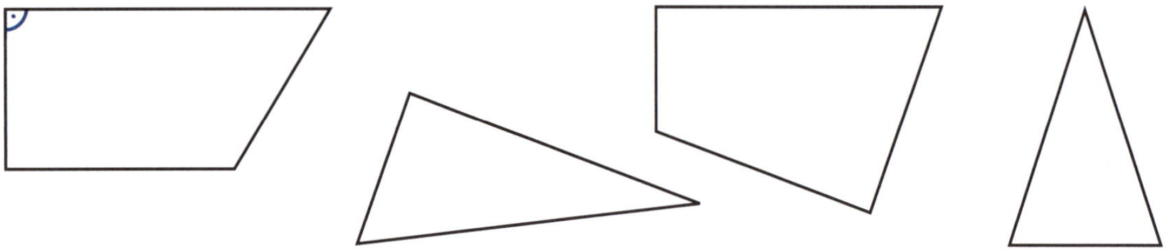

3 Zeichne mit deinem Geodreieck möglichst genau ab.

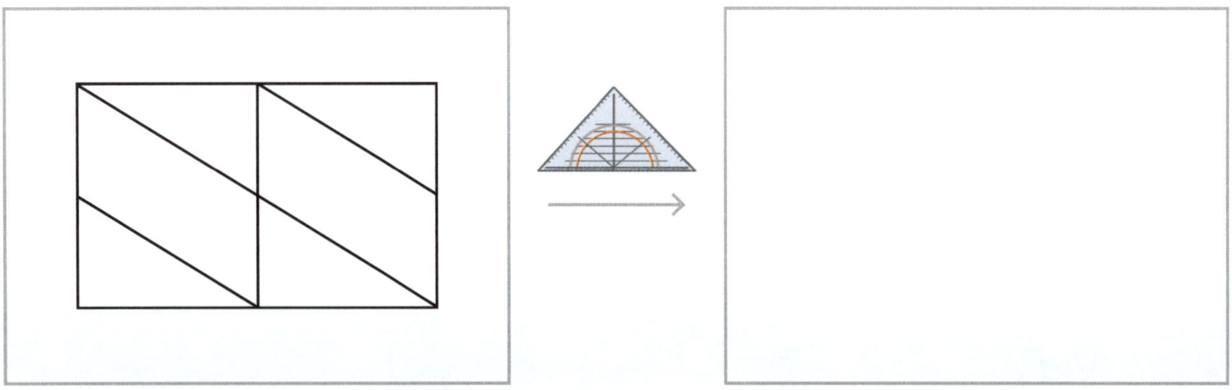

1 Zeichne die Figur ab. Benutze den Zirkel.

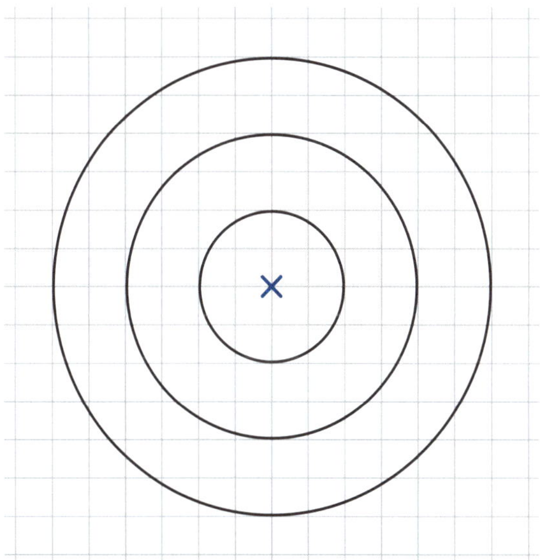

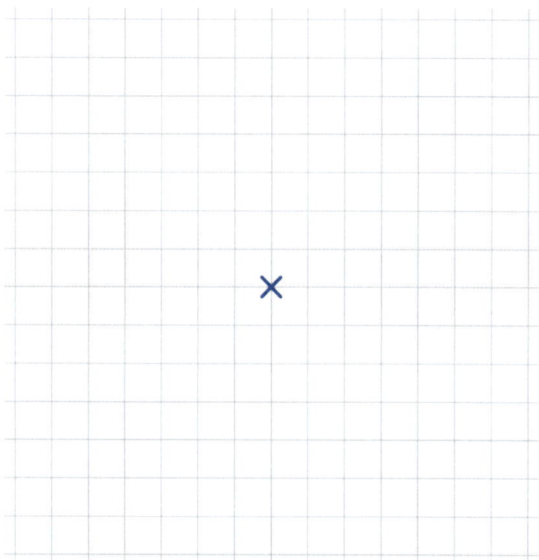

2 Zeichne einen Radius ein und miss ihn mit dem Lineal. 

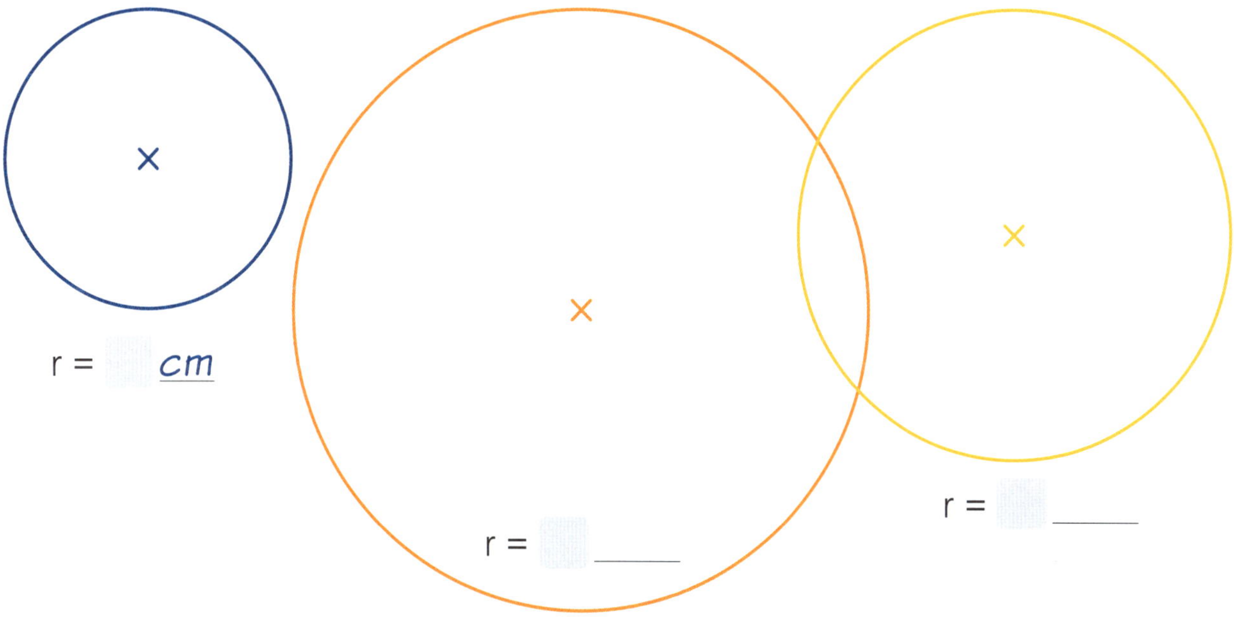

r = ___ cm

r = ___ ______

r = ___ ______

1 cm

1 cm

Zentimeterquadrat

«تسِنْتيميتا كڤادرات»

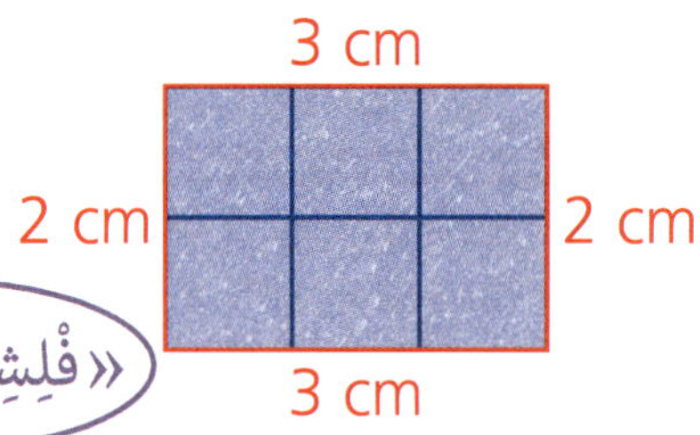

«فْلِشِنْ إِنْهالت»

Der **Flächeninhalt** beträgt
6 Zentimeterquadrate.

3 cm + 2 cm +
3 cm + 2 cm = 10 cm

«أُومْفانْغ»

Der **Umfang**
beträgt 10 cm.

1 Ergänze die Sätze.

a) Das rote Quadrat hat einen Umfang von ____ *cm* .

b) Das ________________ Dreieck hat einen Umfang von 12 cm.

c) Das kleine Quadrat hat einen Flächeninhalt von ____ Zentimeterquadraten.

d) Das Rechteck hat einen ________________ von 16 cm.

e) Das blaue Dreieck ____

____.

2 Zeichne ein Rechteck mit einem Umfang von 8 cm.

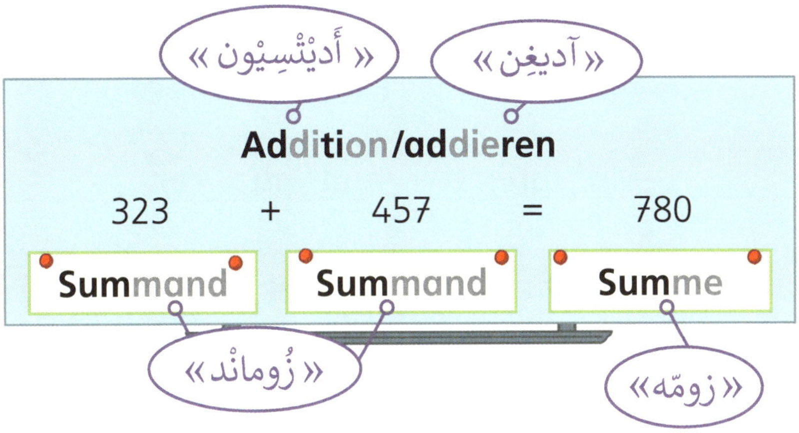

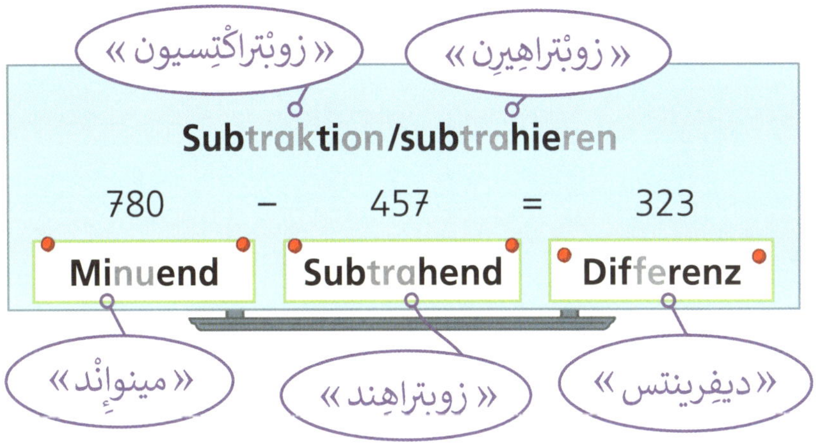

1 Verbinde.

558 324 243 342 585 234

Summand Differenz Summe Summand Minuend Subtrahend

2 Schreibe jeweils eine passende Rechenaufgabe.

a) Die Summanden sind 20 und 30.

$20 + 30 = 50$

b) Die Differenz ist 10. Der Minuend ist 15.

c) Die Summe ist 100.

d) Der Subtrahend ist 1.

« مولْتيبليكاتسيون » « مولْتيبليتسيرِن »

Multiplikation/multiplizieren

8	·	7	=	56
Faktor		**Faktor**		**Produkt**

« فاكتْوَا » « برودوكْت »

« ديڤيزيون » « ديڤيديرِن »

Division/dividieren

56	:	7	=	8
Dividend		**Divisor**		**Quotient**

« ديڤيديندْ » « ديڤيزور » « كڤوتْسيينت »

1 Schreibe die Aufgabe und rechne sie aus.

a) Multipliziere 8 mit 10.
8 ·

b) Dividiere 40 durch 4.

c) Multipliziere 7 mit 6.

d) Addiere 16 und 15.

e) Subtrahiere 7 von 39.

f) Dividiere 45 durch 9.

2 Verbinde.

10 : 2 = 5 6 + 7 = 13 9 − 1 = 8 3 · 4 = 12

Summand, Faktor, Summe, Minuend, Quotient

1, 2, 3, 7, 5, 8, 9, 10, 12, 13

Subtrahend, Differenz, Divisor, Produkt, Dividend

1 Addiere schriftlich.

	2	6	6
+	1	5	2
	1		
	4	1	8

	5	0	7
+	3	9	1

	1	7	8
+	4	2	3

	2	8	7
+	2	8	7

	3	3	8
+	3	3	8

	4	7	4
+	4	7	4

achthundertachtundneunzig

sechshundertsechsundsiebzig

~~vierhundertachtzehn~~

neunhundertachtundvierzig

sechshunderteins

fünfhundertvierundsiebzig

2 Ergänze die fehlenden Ziffern.

	4	3	9
+		4	
		1	
	6	8	2

	5		
+	3	8	4
	1	1	
		0	0

		6	6
+	1	2	
		1	
	7	9	1

	5	2	7
+			
	1		
	8	0	9

+	3	3	3
	1	1	
	5	2	1

3 Schreibe passende Additionsaufgaben.

	2	4	8
+			
	7	0	0

+			
	5	4	1

+			
	8	2	6

452 312 311 ~~248~~ 229 515

4 Rechne. Achte auf die Farbe der Kästchen.

	7	٢	3
+	٢	6	٤

	٢	9	٩
+	5	٥	8

	٧	٠	٨
+		6	4

	1	1	6
+	٨	٢	٤

	٤	٢	5
+	4	2	٥

☐ Ergänzungsverfahren

☐ Abziehverfahren

☐ Abziehverfahren (Bayern)

Hinweis für die Lehrkraft: Bitte kreuzen Sie das in der Schule verwendete Verfahren an und streichen Sie die beiden anderen Verfahren durch.

1 Subtrahiere schriftlich.

846 – 272

616 – 493 | 452 – 218 | 922 – 577 | 569 – 113 | 825 – 258

2 Subtrahiere schriftlich. Addiere zur Kontrolle.

653 – 229 = 424

424
+ 229
1
653 ✓

707 – 136 =

926 – 639 =

888 – 356 =

3 Rechne den Überschlag. Subtrahiere dann schriftlich.

711 – 389 =
Ü: ___ – ___ = ___

892 – 186 =
Ü: ___ – ___ = ___

90 – 42 =
Ü: ___ – ___ = ___

1 Hinweis für die Lehrkraft: Bitte kreuzen Sie das in der Schule verwendete Verfahren an und streichen Sie die beiden anderen Verfahren durch.

1 Multipliziere mit 10.

7 —· 10→ siebzig ______ 20 —· 10→ ______

3 —· 10→ ______ 50 —· 10→ ______

2 Rechne.

8 —· 10→ ☐ —· 10→ ☐ ☐ —· 10→ ☐ —· 10→ 600

vier —· 10→ ______ —· 10→ ______

______ —· 10→ neunzig —· 10→ ______

3 Verbinde die Zahl mit ihrem Zehnfachen.

«تسِنفاخِه»

vier	7	٥
zehn	٩	null
30	١٠٠	٠
٧٠	50	40
neunzig	dreihundert	

4 Rechne immer beide Aufgaben.

2 · 4 = ☐	3 · 3 = ☐	7 · 1 = ☐	4 · 3 = ☐	6 · 8 = ☐
2 · 40 = ☐	3 · 30 = ☐	7 · 10 = ☐	4 · 30 = ☐	6 · 80 = ☐

5 Schreibe das Ergebnis als Zahlwort.

4 · 6 = vierundzw______ 4 · 60 = ______
2 · 7 = ______ 2 · 70 = ______
9 · 2 = ______ 9 · 20 = ______
6 · 6 = ______ 6 · 60 = ______
4 · 7 = ______ 4 · 70 = ______
☐ · ☐ = fünfundzwanzig ☐ · ☐ = ______

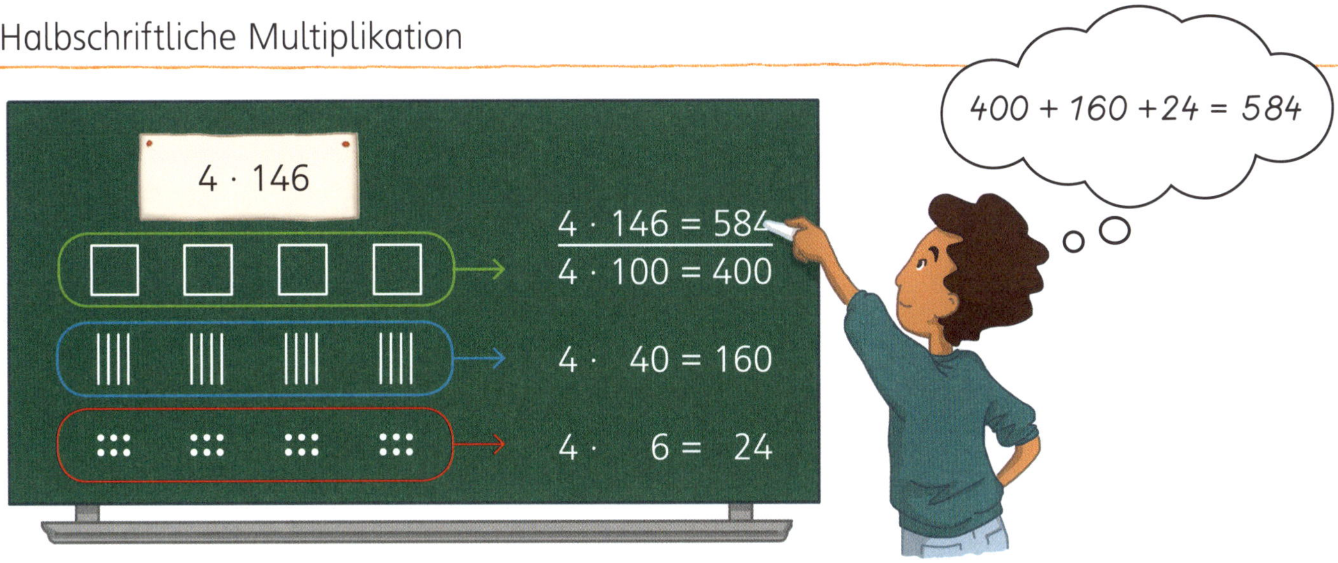

1 Rechne wie das Kind an der Tafel. Kontrolliere mit den Zahlen unten.

3 · 226 = 678
3 · 200 = 600
3 · 20 = 60
3 · 6 = 18

6 · 165 =

4 · 119 =

8 · 108 =

2 · 307 =

6 · 64 =

614	864	990	384	~~678~~	476

2 Male die passenden Kärtchen in derselben Farbe an.

7 · 23 =
7 · 20 = 140
7 · 3 = 21

7 · 23

6 · 47

5 · 33

4 · 39

8 · 55

zweihundertvierzig

hundertvierzig

einundzwanzig

zweiundvierzig

hundertfünfzig

sechsunddreißig

fünfzehn

hundertzwanzig

vierzig

vierhundert

1 Ergänze.

4 · ___ = 288	6 · ___ = 288	8 · ___ = 288	9 · ___ = 288
4 · 70 = 280	6 · ___ = 240	8 · ___ = ___	9 · ___ = ___
4 · ___ = 8	6 · ___ = 48	8 · ___ = 48	9 · ___ = ___

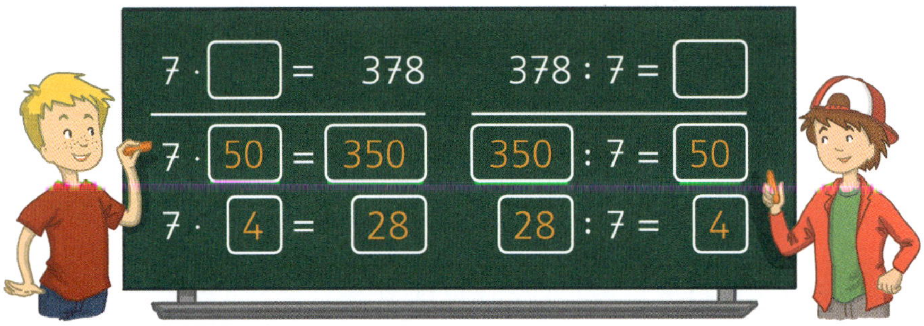

2 Rechne immer beide Aufgaben.

5 · ___ = 320	320 : 5 = ___	9 · ___ = 234	234 : 9 = ___
5 · ___ = ___	___ : 5 = ___	9 · ___ = ___	___ : 9 = ___
5 · ___ = ___	___ : 5 = ___	9 · ___ = ___	___ : 9 = ___

3 Rechne. Streiche benutzte Zahlen durch.

472 : 8 =
400 : 8 = 50
72 : 8 =

336 : 6 =

392 : 4 =

476 : 7 =

vierhundertzwanzig
~~vierhundert~~
dreihundertsechzig
dreihundert
~~zweiundsiebzig~~
sechsundfünfzig
sechsunddreißig
zweiunddreißig

4 Verbinde.

127 : 4	Rest 1
209 : 2	Rest 4
420 : 8	Rest 3

1 Setze die Zahlenfolgen fort. Schreibe die Regel auf.

20, 30, 40, 50, 60, ___, ___, ___, ___ Regel: ___

33, 36, 39, 42, 45, ___, ___, ___, ___ Regel: ___

99, 97, 95, 93, 91, ___, ___, ___, ___ Regel: ___

67, 64, 61, 58, 55, ___, ___, ___, ___ Regel: ___

2 Erfinde eine eigene Zahlenfolge. Schreibe die Regel auf.

___, ___, ___, ___, ___, ___, ___, ___ ___: ___

3 Setze die **Bandornamente** fort. «باندْ أوزْناه منتِه»

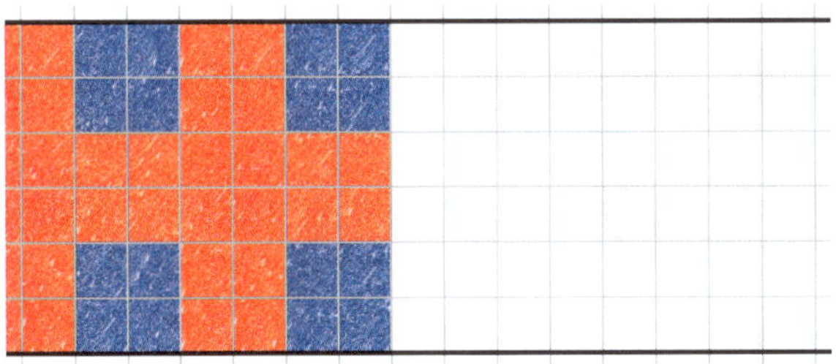

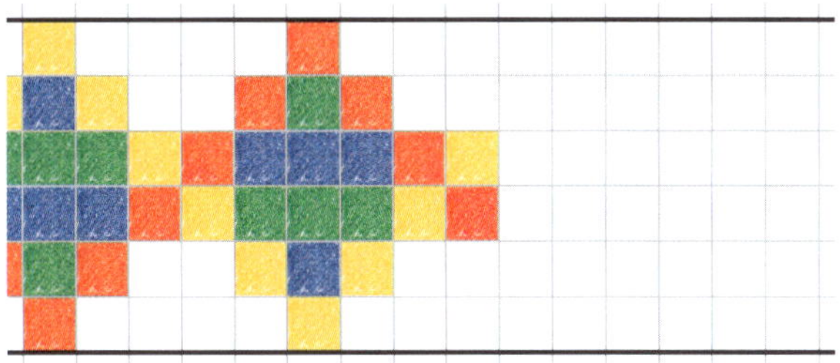

4 Setze die **Flächenornamente** fort. «فلِشِن أوزْناه منتِه»

1 Verbinde die Schilder mit den richtigen Körpern.

1 Seitenfläche | 8 Kanten | 5 Seitenflächen | 5 Ecken | 2 Seitenflächen | 6 Ecken | 1 Kante | 9 Kanten | 1 Spitze

2 Ergänze die Steckbriefe.

Name: Würfel
___ Ecken
___ Kanten
___ Seitenflächen

Name: ___
0 Ecken
___ ___
___ Seitenfläche

Name: Quader
___ ___
___ ___
___ ___

7	0	7	0	0	7	0	0
8	0	8	0	0	8	0	0
9	0	9	0	0	9	0	0

1	2	3	4	5	6	7	8	9
1	2	3	4	5	6	7	8	9

1000

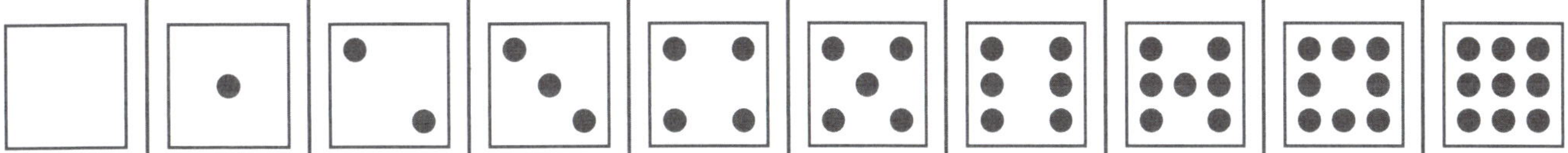

٠	١	٢	٣	٤	٥	٦	٧	٨	٩

siebenhundert	siebenhundert	siebzig
achthundert	achthundert	achtzig
neunhundert	neunhundert	neunzig

neun	acht	sieben	sechs	fünf	vier	drei	zwei	eins
neun	acht	sieben	sechs	fünf	vier	drei	zwei	eins

tausend

9	8	7	6	5	4	3	2	1	0

Zahlwörter bis tausend

0 null			
1 eins	10 zehn	100 (ein)**hundert**	1 000 (ein)**tausend**
2 zwei	20 zwanzig	200 zwei**hundert**	
3 drei	30 dreißig	300 drei**hundert**	
4 vier	40 vierzig	400 vier**hundert**	
5 fünf	50 fünfzig	500 fünf**hundert**	
6 sechs	60 sechzig	600 sechs**hundert**	
7 sieben	70 siebzig	700 sieben**hundert**	
8 acht	80 achtzig	800 acht**hundert**	
9 neun	90 neunzig	900 neun**hundert**	

«هونْدِت» «تاوْزِنْت»

1 Zeichne Trennstriche in das Zahlwort und lege die Zahl.

achthundert|sieben|und|sechzig — 800 7 60 — 8 6 7 — 867

einhundert|neun|und|dreißig — 100 9 30 — 1 3 9 — 139

zweihundert|sechzehn — 2 1 6 — 216

fünfhundert|ein|und|zwanzig — 5 2 1 — 521

2 Lege die Zahl mit den Zahlenkarten. Schreibe das Zahlwort.

378	300	7 8	dreihundertachtundsiebzig
444	400	4 4	vierhundertvierundvierzig
952	900	5 2	neunhundertzweiundfünfzig
129	2 9	100	einhundertneunundzwanzig
507	500	7	fünfhundertsieben
610	600	10	sechshundertzehn

Zahlwörter bis tausend

3 Trage die fehlenden Zahlen ein.

472 = 400 + 2 + 70
٤٠٠ + ٧٠ + ٢ = ٤٧٢

164 = 100 + 4 + 60
١٠٠ + ٦٠ + ٤ = ١٦٤

953 = 900 + 3 + 50
٩٠٠ + ٥٠ + ٣ = ٩٥٣

781 = 700 + 1 + 80
٧٠٠ + ٨٠ + ١ = ٧٨١

4 Verbinde.

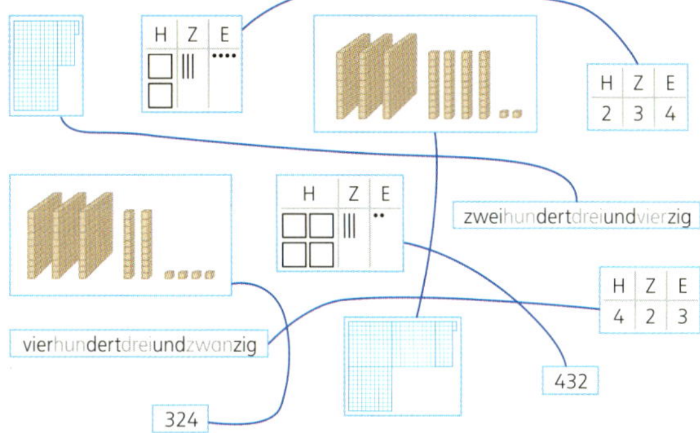

H Z E: 2 3 4 — zweihundertdreiundvierzig — H Z E: 4 2 3 — vierhundertdreiundzwanzig — 324 — 432

Bündeln und Entbündeln

1 Bündle.

H	Z	E	=	H	Z	E
2	11	7	=	3	1	7
4	15	2	=	5	5	2
3	7	13	=	3	8	3

2 Entbündle

a) einen Zehner, b) einen Zehner, c) einen Hunderter.

	H	Z	E	=	H	Z	E
a)	3	9	5	=	3	8	15
b)	6	2	1	=	6	1	11
c)	5	0	1	=	4	10	1

Runden

1 Trage die Nachbarzehner ein. Runde auf Zehner.

320 < 322 < 330 — 322 ≈ 320
160 < 165 < 170 — 165 ≈ 170
970 < 974 < 980 — 974 ≈ 970
460 < 469 < 470 — 469 ≈ 470
970 < 975 < 980 — 975 ≈ 980

160 165 170 — Ab 5: Runde auf.

2 Trage die Nachbarhunderter ein. Runde auf Hunderter.

500 < 599 < 600 — 599 ≈ 600
200 < 250 < 300 — 250 ≈ 300
700 < 712 < 800 — 712 ≈ 700
100 < 127 < 200 — 127 ≈ 100
300 < 351 < 400 — 351 ≈ 400

200 250 300 — Ab 50: Runde auf.

3 Verbinde die Zahl mit dem gerundeten Wert.

252, 845, 194, 86, 519, 591, 850

٨٠٠, ٢٠٠, ١٠٠, ٥٠٠, ٦٠٠, ٩٠٠, ٣٠٠

Mathematik für Kinder nicht deutscher Herkunft II – Lösungen (Seite 6–9)

Stellenweise Addition

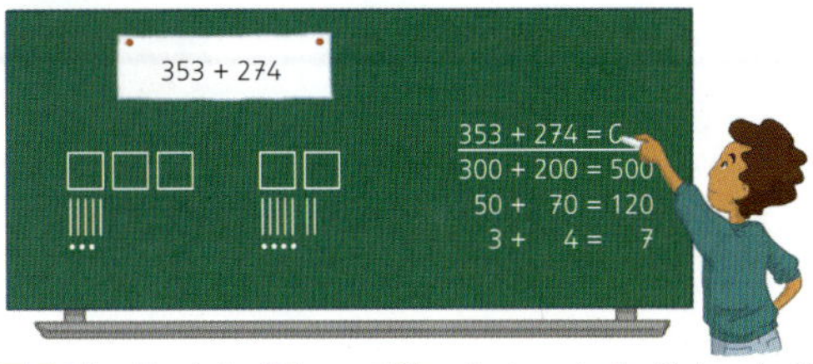

[1] Zeichne Hunderter, Zehner und Einer. Rechne wie das Kind an der Tafel.

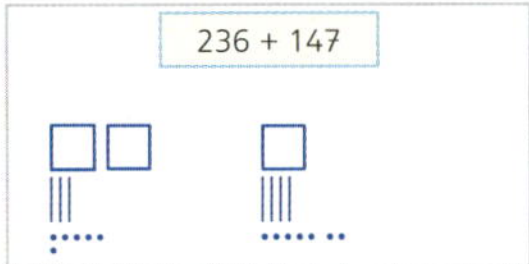

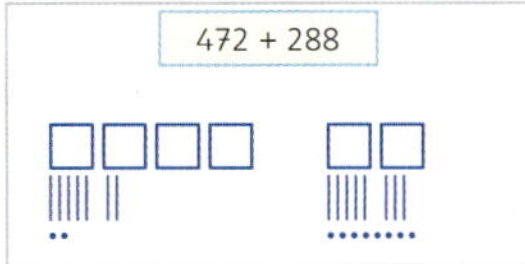

236 + 147 = 383
200 + 100 = 300
30 + 40 = 70
6 + 7 = 13

472 + 288 = 760
400 + 200 = 600
70 + 80 = 150
2 + 8 = 10

[2] Rechne.

429 + 393 = 822
400 + 300 = 700
20 + 90 = 110
9 + 3 = 12

641 + 276 = 917
600 + 200 = 800
40 + 70 = 110
1 + 6 = 7

117 + 432 = 549
100 + 400 = 500
10 + 30 = 40
7 + 2 = 9

237 + 446 = 683
200 + 400 = 600
30 + 40 = 70
7 + 6 = 13

~~900~~ ~~20~~ ~~80~~ ~~3~~ ~~800~~ ~~9~~ ~~7~~ ~~40~~ ~~600~~ ~~2~~ ~~500~~ ~~10~~

Schrittweise Addition

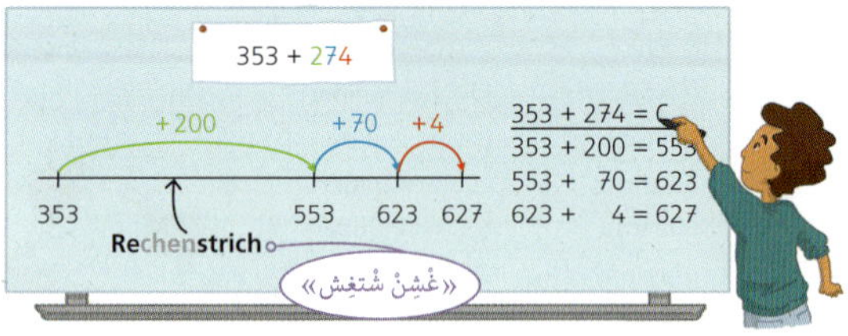

[1] Rechne am Rechenstrich.

+300 +40 +6
425 725 765 771
425 + 346 = 771

+600 +70 +1
167 767 837 838
167 + 671 = 838

+200 +40 +8
521 721 761 769
521 + 248 = 769

+600 +40 +4
258 858 898 902
258 + 644 = 902

[2] Rechne.

407 + 555 = 962
407 + 500 = 907
907 + 50 = 957
957 + 5 = 962

373 + 521 = 894
373 + 500 = 873
873 + 20 = 893
893 + 1 = 894

147 + 496 = 643
147 + 400 = 547
547 + 90 = 637
637 + 6 = 643

555 + 407 = 962
555 + 400 = 955
955 + 7 = 962

~~sechshundert~~
~~neunhundert~~
~~achthundert~~
~~neunhundert~~
~~sechzig~~
~~sechzig~~
~~vierzig~~
~~neunzig~~
~~drei~~
~~zwei~~
~~vier~~
~~zwei~~

Schrittweise Subtraktion

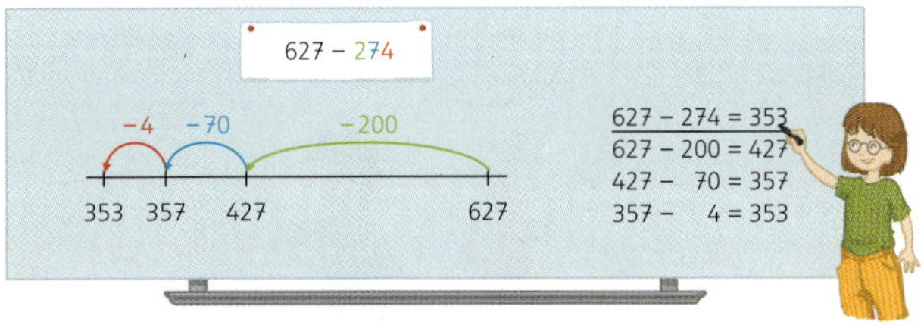

[1] Rechne am Rechenstrich.

–5 –30 –100
561 566 596 696
696 – 135 = 561

–4 –20 –600
357 361 381 981
981 – 624 = 357

–5 –50 –200
163 168 218 418
418 – 255 = 163

–5 –80 –300
419 424 504 804
804 – 385 = 419

[2] Rechne.

dreihundertvierundachtzig minus einhundertachtzehn
300 4 80 100 8 10 384 – 118

siebenhundertsiebzig minus zweihundertfünfundzwanzig
700 70 200 5 20 770 – 225

384 – 118 = 266
384 – 100 = 284
284 – 10 = 274
274 – 8 = 266

770 – 225 = 545
770 – 200 = 570
570 – 20 = 550
550 – 5 = 545

Überschlag

[1] Verbinde die Aufgaben mit dem Überschlag. Rechne den Überschlag.

Aufgabe	Überschlag	Lösung
365 + 528	Ü: 600 – 100 = 500	631 – 117 ≈ 500
622 – 189	Ü: 700 + 200 = 900	698 + 176 ≈ 900
676 + 142	Ü: 400 + 500 = 900	365 + 528 ≈ 900
698 + 176	Ü: 600 – 200 = 400	622 – 189 ≈ 400
631 – 117	Ü: 700 + 100 = 800	676 + 142 ≈ 800

[2] Rechne den Überschlag. Rechne dann genau.

427 + 196
Ü: 400 + 200 = 600
genau: 427 + 196 = 623
400 + 100 = 500
20 + 90 = 110
7 + 6 = 13

938 – 644
Ü: 900 – 600 = 300
genau: 938 – 644 = 294
938 – 600 = 338
338 – 40 = 298
298 – 4 = 294

[3] Rechne den Überschlag.

٦٠٧ + ٢٢٨
Ü: 600 + 200 = 800

٣٧٩ + ٥١
Ü: 400 + 100 = 500

٤٩٠ + ٤٠٩
Ü: 500 + 400 = 900

Tabellen und Diagramme

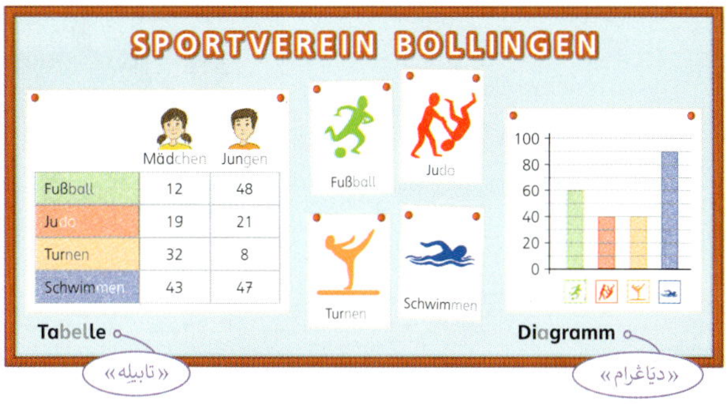

1 Trage die richtigen Zahlen aus der Tabelle ein.

12 Mädchen spielen Fußball.
8 Jungen turnen.
32 Mädchen turnen.
47 Jungen schwimmen.
19 Mädchen machen Judo.
48 Jungen spielen Fußball.

2 Trage die richtigen Zahlen aus dem Diagramm ein.

60 Kinder spielen Fußball.
90 Kinder schwimmen.
40 Kinder turnen.
40 Kinder machen Judo.

3 Rechne mit den Zahlen aus der Tabelle.

a) Wie viele Jungen turnen oder machen Judo? 21 + 8 = 29

29 Jungen turnen oder machen Judo.

b) Wie viele Mädchen turnen oder schwimmen? 32 + 43 = 75

75 Mädchen turnen oder schwimmen.

4 Rechne mit den Zahlen aus dem Diagramm.

Wie viele Kinder sind im Verein? 60 + 40 + 40 + 90 = 230

230 Kinder sind im Verein.

Ebene Figuren – Begriffe „Ecke" und „Seite"

1 Fülle die Tabelle aus.
Male die Formen an.

Form	Anzahl	Farbe
Dreieck	4	rot
Viereck	3	lila
Fünfeck	4	gelb
Sechseck	1	blau
Achteck	1	grün

2 Zeichne.*

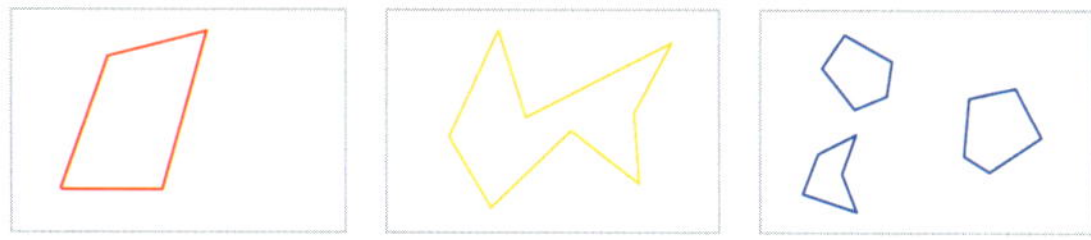

Ein rotes Viereck — Ein gelbes Achteck — Drei Fünfecke

3 Miss die Seiten mit dem Lineal.
Schreibe den Namen der Form.

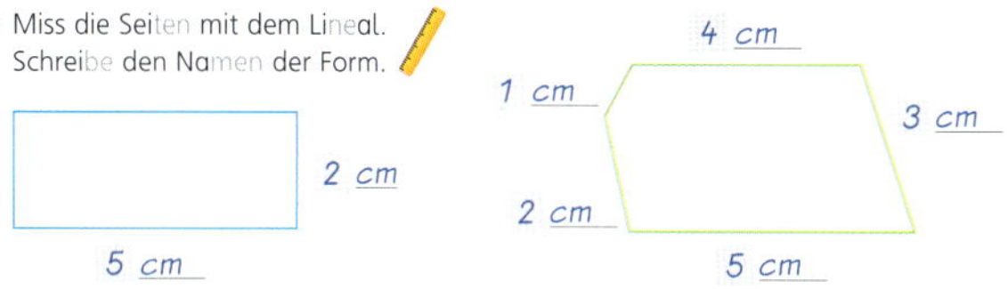

Viereck — Fünfeck

* Beispiellösung

Geodreieck

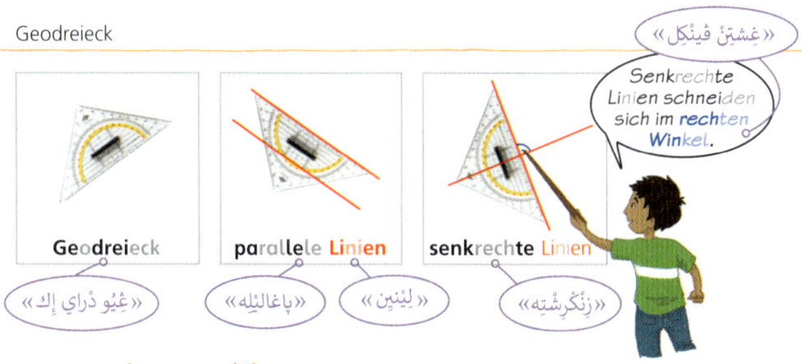

1 Richtig ✓ oder falsch ✗?

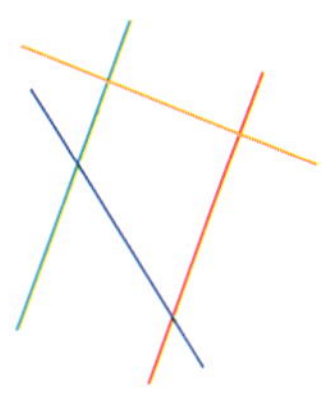

Die rote Linie und die grüne Linie sind parallel. ✓

Die blaue Linie und die rote Linie sind senkrecht zueinander. ✗

Die grüne Linie und die orange Linie sind senkrecht zueinander. ✓

Die blaue Linie und die orange Linie sind parallel. ✗

2 Markiere alle rechten Winkel mit ⊾.

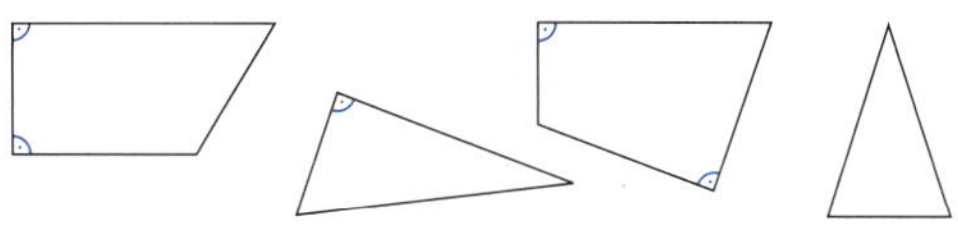

3 Zeichne mit deinem Geodreieck möglichst genau ab.

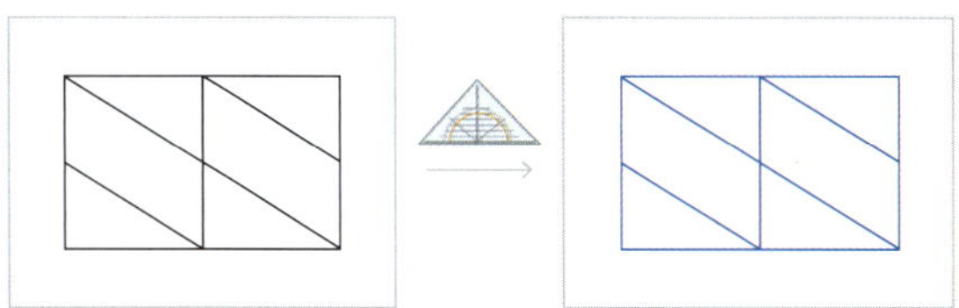

Zirkel

1 Zeichne die Figur ab. Benutze den Zirkel.

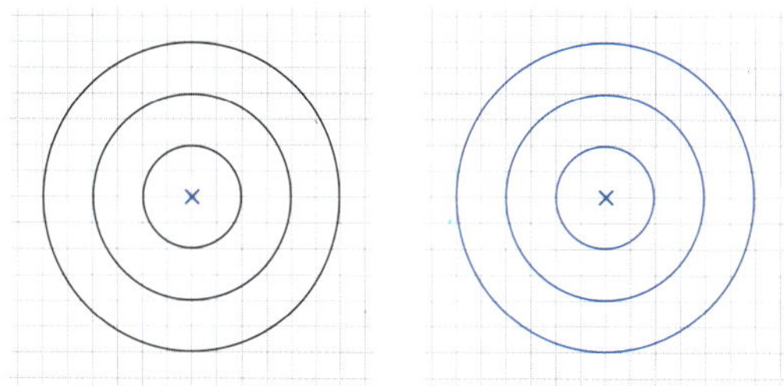

2 Zeichne einen Radius ein und miss ihn mit dem Lineal.

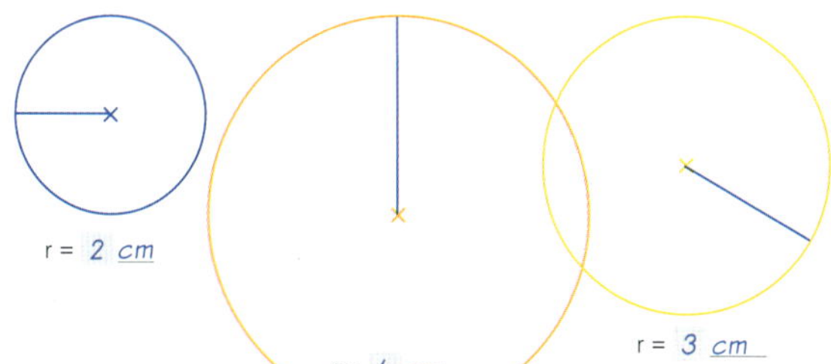

r = 2 cm — r = 4 cm — r = 3 cm

Flächeninhalt und Umfang

3 cm + 2 cm + 3 cm + 2 cm = 10 cm

Zentimeterquadrat «تسِنْتيميتا كڤادرات»

«فْلِشِنْ إنْهالت» Der **Flächeninhalt** beträgt 6 Zentimeterquadrate.

«أومْفانْغ» Der **Umfang** beträgt 10 cm.

1 Ergänze die Sätze.

a) Das rote Quadrat hat einen Umfang von 16 cm.

b) Das gelbe Dreieck hat einen Umfang von 12 cm.

c) Das kleine Quadrat hat einen Flächeninhalt von 9 Zentimeterquadraten.

d) Das Rechteck hat einen Umfang von 16 cm.

e) Das blaue Dreieck hat einen Flächeninhalt von 18 Zentimeterquadraten.*

2 Zeichne ein Rechteck mit einem Umfang von 8 cm.

* Beispiellösung

Fachbegriffe zur Addition und Subtraktion

«أديْشِيون» «آديغن»

Addition/addieren

323	+	457	=	780
Summand		**Summand**		**Summe**

«زُومانْد» «زومّه»

«زوبْتراكْتِسيون» «زوبْتراهِيرِن»

Subtraktion/subtrahieren

780	–	457	=	323
Minuend		**Subtrahend**		**Differenz**

«مينواِنْد» «زوبتراهِند» «ديفِرينتس»

1 Verbinde.

558, 324, 243, 585, 342, 234 — Summand, Differenz, Summe, Summand, Minuend, Subtrahend

2 Schreibe jeweils eine passende Rechenaufgabe.

a) Die Summanden sind 20 und 30.
20 + 30 = 50

b) Die Differenz ist 10. Der Minuend ist 15.
15 – 5 = 10

c) Die Summe ist 100.*
50 + 50 = 100

d) Der Subtrahend ist 1.*
12 – 1 = 11

* Beispiellösung

Fachbegriffe zur Multiplikation und Division

«مولْتيبليكاتسيون» «مولْتيبليتسيرِن»

Multiplikation/multiplizieren

8	·	7	=	56
Faktor		**Faktor**		**Produkt**

«فاكتُوَا» «برودوكْت»

«ديڤيزيون» «ديڤيديرِن»

Division/dividieren

56	:	7	=	8
Dividend		**Divisor**		**Quotient**

«ديڤيديِنْد» «ديڤيزور» «كڤوتْسيينت»

1 Schreibe die Aufgabe und rechne sie aus.

a) Multipliziere 8 mit 10.
8 · 10 = 80

b) Dividiere 40 durch 4.
40 : 4 = 10

c) Multipliziere 7 mit 6.
7 · 6 = 42

d) Addiere 16 und 15.
16 + 15 = 31

e) Subtrahiere 7 von 39.
39 – 7 = 32

f) Dividiere 45 durch 9.
45 : 9 = 5

2 Verbinde. 10 : 2 = 5 6 + 7 = 13 9 – 1 = 8 3 · 4 = 12

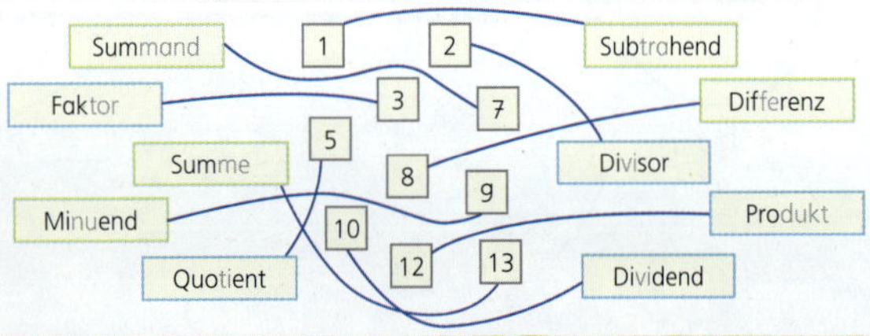

Schriftliche Addition

1 Addiere schriftlich.

266 + 152 = 418	507 + 391 = 898	178 + 423 = 601	
287 + 287 = 574	338 + 338 = 676	474 + 474 = 948	

~~achthundertachtundneunzig~~
~~sechshundertsechsundsiebzig~~
~~vierhundertachtzehn~~
~~neunhundertachtundvierzig~~
~~sechshunderteins~~
~~fünfhundertvierundsiebzig~~

2 Ergänze die fehlenden Ziffern.

439	516	666	527	188
+ 243	+ 384	+ 125	+ 282	+ 333
682	900	791	809	521

3 Schreibe passende Additionsaufgaben.

248	312	311
+ 452	+ 229	+ 515
700	541	826

~~452~~ ~~312~~ ~~311~~ ~~248~~ ~~229~~ ~~515~~

4 Rechne. Achte auf die Farbe der Kästchen.

7٢3	٢9٩	٧٠٨	116	٤٢5
+ ٢6٤	+ 5٥8	+ 64	+ ٨٢٤	+ 42٥
9٨7	٨5٧	77٢	٩٤0	٨٥٠

Schriftliche Subtraktion

☐ Ergänzungsverfahren

☐ Abziehverfahren

☐ Abziehverfahren (Bayern)

Hinweis für die Lehrkraft: Bitte kreuzen Sie das in der Schule verwendete Verfahren an und streichen Sie die beiden anderen Verfahren durch.

Übungen zur schriftlichen Subtraktion

1 Subtrahiere schriftlich.

846 − 272

	☒	☐	☐
846 − 272 = 574	846 − 272 = 574	846 − 272 = 574	846 − 272 = 574

616 − 493	452 − 218	922 − 577	569 − 113	825 − 258
123	234	345	456	567

2 Subtrahiere schriftlich. Addiere zur Kontrolle.*

653 − 229 = 424 | 424 + 229 = 653 ✓

707 − 136 = 571 | 571 + 136 = 707 ✓

926 − 639 = 287 | 287 + 639 = 926 ✓

888 − 356 = 532 | 532 + 356 = 888 ✓

3 Rechne den Überschlag. Subtrahiere dann schriftlich.*

711 − 389 = 322 | Ü: 700 − 400 = 300

892 − 186 = 703 | Ü: 900 − 200 = 700

90 − 42 = 48 | Ü: 90 − 40 = 50

711 − 389 = 322; 892 − 189 = 703; 90 − 42 = 48

* Beispiellösung: Dargestellt ist das Ergänzungsverfahren.

Vorbereitung der halbschriftlichen Multiplikation

1 Multipliziere mit 10.

7 —·10→ siebzig | 20 —·10→ zweihundert

3 —·10→ dreißig | 50 —·10→ fünfhundert

2 Rechne.

8 —·10→ 80 —·10→ 800 | 6 —·10→ 60 —·10→ 600

vier —·10→ vierzig —·10→ vierhundert

neun —·10→ neunzig —·10→ neunhundert

3 Verbinde die Zahl mit ihrem Zehnfachen.

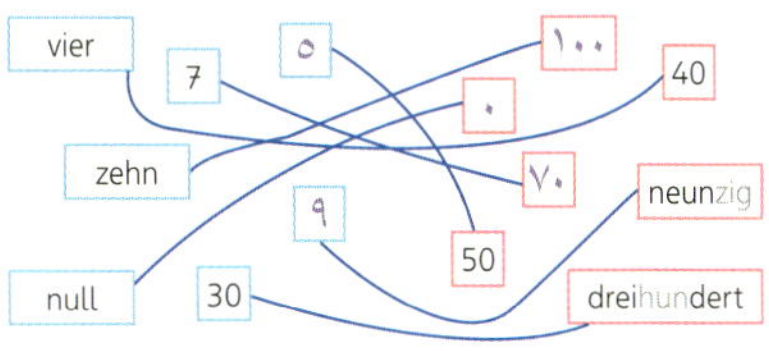

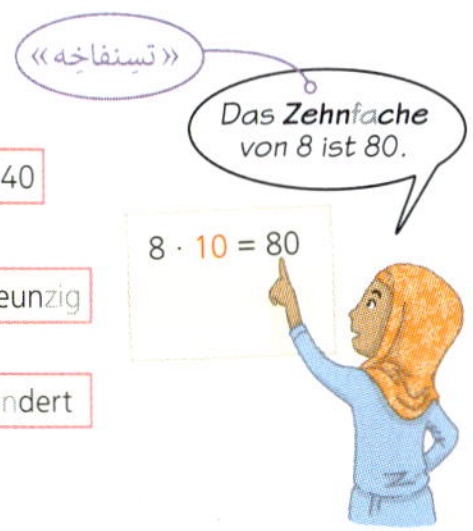

4 Rechne immer beide Aufgaben.

2 · 4 = 8	3 · 3 = 9	7 · 1 = 7	4 · 3 = 12	6 · 8 = 48
2 · 40 = 80	3 · 30 = 90	7 · 10 = 70	4 · 30 = 120	6 · 80 = 480

5 Schreibe das Ergebnis als Zahlwort.

4 · 6 = vierundzwanzig	4 · 60 = zweihundertvierzig
2 · 7 = vierzehn	2 · 70 = einhundertvierzig
9 · 2 = achtzehn	9 · 20 = einhundertachtzig
6 · 6 = sechsunddreißig	6 · 60 = dreihundertsechzig
4 · 7 = achtundzwanzig	4 · 70 = zweihundertachtzig
5 · 5 = fünfundzwanzig	5 · 50 = zweihundertfünfzig

Halbschriftliche Multiplikation

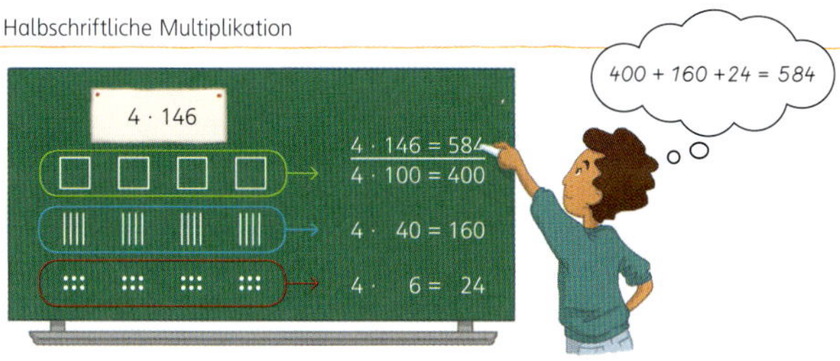

1 Rechne wie das Kind an der Tafel. Kontrolliere mit den Zahlen unten.

3 · 226 = 678	6 · 165 = 990	4 · 119 = 476
3 · 200 = 600	6 · 100 = 600	4 · 100 = 400
3 · 20 = 60	6 · 60 = 360	4 · 10 = 40
3 · 6 = 18	6 · 5 = 30	4 · 9 = 36
8 · 108 = 864	2 · 307 = 614	6 · 64 = 384
8 · 100 = 800	2 · 300 = 600	6 · 60 = 360
8 · 8 = 64	2 · 7 = 14	6 · 4 = 24

~~614~~ ~~864~~ ~~990~~ ~~384~~ ~~678~~ ~~476~~

2 Male die passenden Kärtchen in derselben Farbe an.

7 · 23 =
7 · 20 = 140
7 · 3 = 21

7 · 23 | 6 · 47 | 5 · 33 | 4 · 39 | 8 · 55

zweihundertvierzig | hundertvierzig | einundzwanzig | zweiundvierzig | hundertfünfzig | sechsunddreißig | fünfzehn | hundertzwanzig | vierzig | vierhundert

Halbschriftliche Division

1 Ergänze.

4 · 72 = 288	6 · 48 = 288	8 · 36 = 288	9 · 32 = 288
4 · 70 = 280	6 · 40 = 240	8 · 30 = 240	9 · 30 = 270
4 · 2 = 8	6 · 8 = 48	8 · 6 = 48	9 · 2 = 18

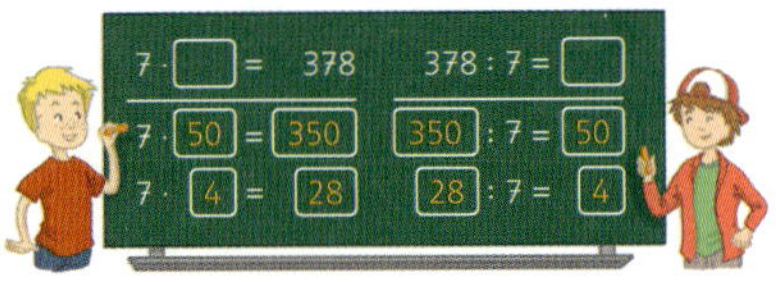

2 Rechne immer beide Aufgaben.

5 · 64 = 320	320 : 5 = 64	9 · 26 = 234	234 : 9 = 26
5 · 60 = 300	300 : 5 = 60	9 · 20 = 180	180 : 9 = 20
5 · 4 = 20	20 : 5 = 4	9 · 6 = 54	54 : 9 = 6

3 Rechne. Streiche benutzte Zahlen durch.

472 : 8 = 59	336 : 6 = 56
400 : 8 = 50	300 : 6 = 50
72 : 8 = 9	36 : 6 = 6
392 : 4 = 98	476 : 7 = 68
360 : 4 = 90	420 : 7 = 60
32 : 4 = 8	56 : 7 = 8

~~vierhundertzwanzig~~
~~vierhundert~~
~~dreihundertsechzig~~
~~dreihundert~~
~~zweiundsiebzig~~
~~sechsundfünfzig~~
~~sechsunddreißig~~
~~zweiunddreißig~~

4 Verbinde.

127 : 4 — Rest 3
209 : 2 — Rest 1
420 : 8 — Rest 4

213 : 5 = 42 R3
200 : 5 = 40
10 : 5 = 2
3 ist der Rest.

Zahlenfolgen und Ornamente fortsetzen

1 Setze die Zahlenfolgen fort. Schreibe die Regel auf.

20, 30, 40, 50, 60, 70, 80, 90, 100 Regel: immer + 10
33, 36, 39, 42, 45, 48, 51, 54, 57 Regel: immer + 3
99, 97, 95, 93, 91, 89, 87, 85, 83 Regel: immer – 2
67, 64, 61, 58, 55, 52, 49, 46, 43 Regel: immer – 3

2 Erfinde eine eigene Zahlenfolge. Schreibe die Regel auf.*

___, ___, ___, ___, ___, ___, ___, ___ ______ : ______

3 Setze die **Bandornamente** fort. «باند أورناه منته»

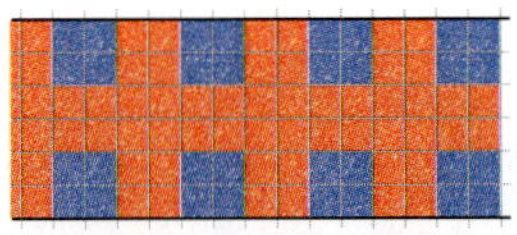

4 Setze die **Flächenornamente** fort. «فليشن أورناه منته»

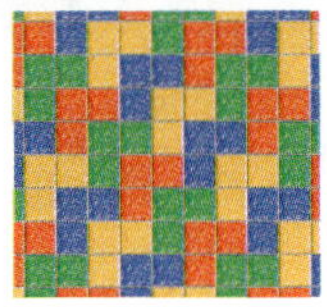

* Lösung individuell

Eigenschaften von Körpern

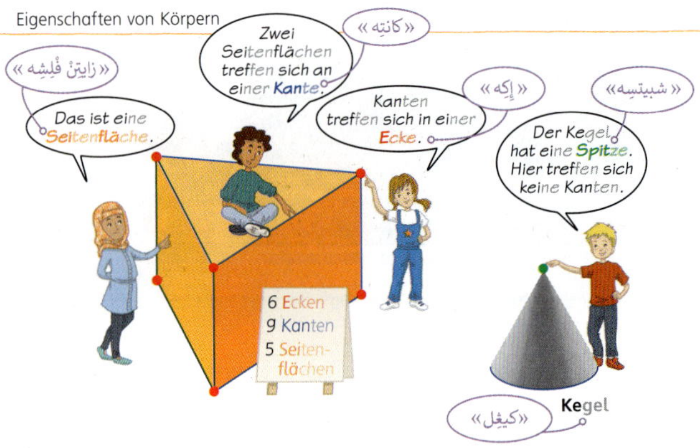

1 Verbinde die Schilder mit den richtigen Körpern.

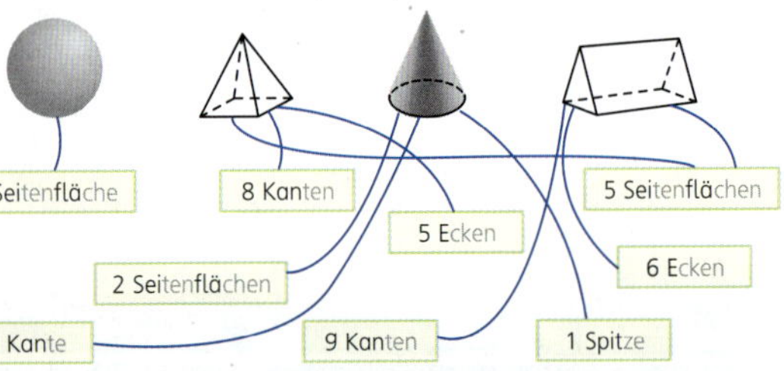

2 Ergänze die Steckbriefe.

Name: Würfel	Name: Kugel	Name: Quader
8 Ecken	0 Ecken	8 Ecken
12 Kanten	0 Kanten	12 Kanten
6 Seitenflächen	1 Seitenfläche	6 Seitenflächen

Körper und Körpernetze

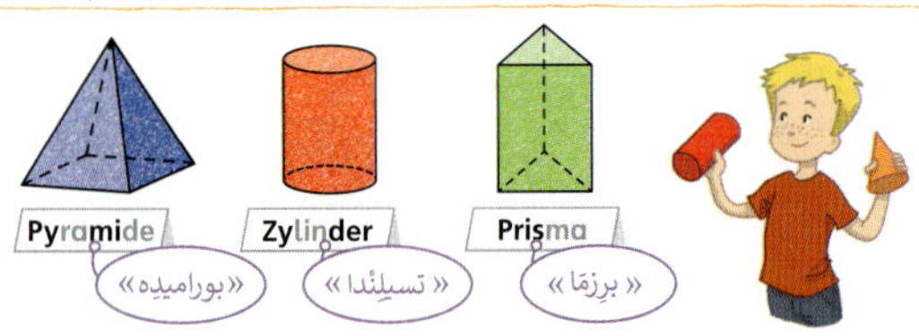

1 Verbinde mit der richtigen Körperform.

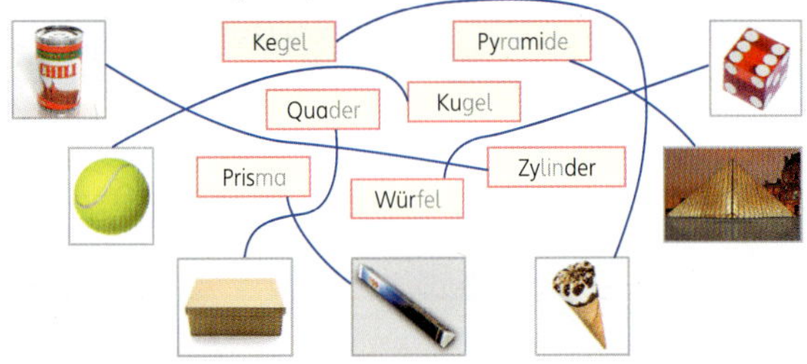

2 Welches Netz ist es?

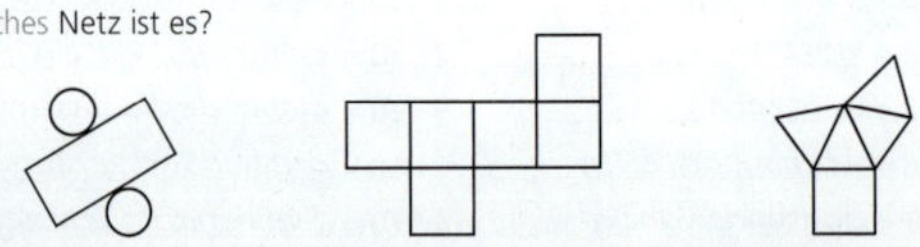

Zylindernetz — Würfelnetz — Pyramidennetz

2

1 000	tausend, eintausend
5 000	fünftausend
23 000	dreiundzwanzigtausend
412 000	vierhundertzwölftausend

2 1 Schreibe die Zahl oder das Zahlwort.

neunhundertzweiundsechzig	962
achthundertvierundsiebzigtausend	*874 000*
fünfhundertsiebenundneunzig	*597*
sechshundertsechzehntausend	616 000
hundertzwanzigtausend	120 000
zweihundertfünf	*205*

2 Schreibe die Zahl.

acht | zehn | vier | zig | und | drei | tausend

vier und acht zig tausend = *84 000*

drei und vier zig = *43*

acht zig = *80*

vier zehn tausend = *14 000*

drei tausend = *3 000*

3 Verbinde die arabischen Zahlen mit dem Zahlwort.

- siebentausend — ٧٠٠٠
- neunzehntausend — ١٩٠٠٠
- neunzigtausend — ٩٠٠٠٠
- neunundsiebzigtausend — ٧٩٠٠٠
- siebenundneunzig — ٩٧
- siebzehn — ١٧
- neunzig — ٩٠

234 281 = 234 000 + 281

zweihundertvierunddreißigtausendzweihunderteinundachtzig

200 | 4 | 30 | 1 000 | 200 | 1

1 Verbinde die passenden Kärtchen.

~~234 281~~ | ~~602 442~~ | ~~561 120~~ | ~~47 503~~ | ~~110 290~~ | ~~300 700~~

- sechshundertzweitausend — vierhundertzweiundvierzig
- dreihunderttausend — siebenhundert
- zweihundertvierunddreißigtausend — zweihunderteinundachtzig
- fünfhunderteinundsechzigtausend — einhundertzwanzig
- hundertzehntausend — zweihundertneunzig
- siebenundvierzigtausend — fünfhundertdrei

2 Ergänze die Zahlwörter und schreibe deine Zahlen.*

drei hundertviertausend	*304 000*
zweihundert *acht* undvierzig	*248*
sechshundert elftausend	*611 000*
sieben tausendzweihundertneunundneunzig	*7 299*
einund *neunzig* tausend *drei* hundert	*91 300*
acht und *achtzig* tausendeinhundertelf	*88 111*
zwölf *tausend* vierhundert *eins*	*12 401*
neun hundert *drei* und *sechzig* tausend	*963 000*

* Beispiellösungen

17 1 Addiere schriftlich.

36 572 + 29 664 | 146 293 + 3 926 | 339 804 + 660 196

$$\begin{array}{r} 36572 \\ +\ 29664 \\ \hline 66236 \end{array} \qquad \begin{array}{r} 146293 \\ +\ 3926 \\ \hline 150219 \end{array} \qquad \begin{array}{r} 339804 \\ +\ 660196 \\ \hline 1000000 \end{array}$$

18 19 2 Subtrahiere schriftlich.

92 422 − 38 170 | 336 714 − 119 215 | 230 694 − 8 927

$$\begin{array}{r} 92422 \\ -\ 38170 \\ \hline 54252 \end{array} \qquad \begin{array}{r} 336714 \\ -\ 119215 \\ \hline 217499 \end{array} \qquad \begin{array}{r} 230694 \\ -\ 8927 \\ \hline 121767 \end{array}$$

15 3 Schreibe die Aufgabe und rechne sie aus.

a) Addiere 25 370 und zweiunddreißigtausendneunzig. *25 370 + 32 090*

b) Der Minuend ist 90 472, der Subtrahend 33 259. *90 472 – 33 259*

c) Subtrahiere 55 207 von neunzigtausendeinhundertelf. *90 111 – 55 207*

$$a)\ \begin{array}{r} 25370 \\ +\ 32090 \\ \hline 57460 \end{array} \qquad b)\ \begin{array}{r} 90472 \\ -\ 33259 \\ \hline 57213 \end{array} \qquad c)\ \begin{array}{r} 90111 \\ -\ 55207 \\ \hline 34904 \end{array}$$

4 Erfinde eigene Aufgaben und rechne sie aus.*

9 5 Rechne den Überschlag.

940 + 628
Ü: *900* + *600* = *1 500*

12 034 + 7 996
Ü: *12 000* + *8 000* = *20 000*

* Lösungen sind individuell

273 452

M	HT	ZT	T	H	Z	E
	2	7	3	4	5	2

M	HT	ZT	T	H	Z	E
	••	•••••••	•••	••••	••	

9 1 Rechne den Überschlag und verbinde mit dem Ergebnis.

	24 976	+	339 214		
Ü:	*20 000*	+	*340 000*	=	*360 000*
	446 321	–	119 239 *		
Ü:	*400 000*	–	*100 000*	=	*300 000*
	876 416	–	8 429 *		
Ü:	*876 000*	–	*8 000*	=	*868 000*
	17 280	+	26 551 *		
Ü:	*17 000*	+	*27 000*	=	*44 000*
	415 942	–	204 406 *		
Ü:	*400 000*	–	*200 000*	=	*200 000*
	6 691	+	555 409 *		
Ü:	*7 000*	+	*555 000*	=	*562 000*

Ergebniskärtchen:

867tausend987

dreiundvierzigtausendachthunderteinunddreißig

HT	ZT	T	H	Z	E
3	2	7	0	8	2

364 190

HT	ZT	T	H	Z	E
•••••	••••••	••	•		

HT	ZT	T	H	Z	E
••	•	•	•••••	•••	••••••

2 Schreibe Plusaufgaben oder Minusaufgaben zu den vorgegebenen Ergebnissen.**

200 000	=	*195 000*	*+*	*5 000*
123 456	=	*123 457*	*–*	*1*
720 300	=	*100 000*	*+*	*620 300*
221 144	=	*111 111*	*+*	*110 033*
312 407	=	*320 000*	*–*	*7 593*
1 000 000	=	*1*	*+*	*999 999*

~~zweihunderttausend~~

~~| HT | ZT | T | H | Z | E |~~
~~| 1 | 2 | 3 | 4 | 5 | 6 |~~

~~720tausend300~~

~~312 407~~ ~~eine Million~~ 28

~~| HT | ZT | T | H | Z | E |~~
~~| •• | •• | • | • | •••• | •••• |~~

* Es kann auch anders gerundet werden. ** Beispiellösungen

Kommazahlen – Geld

1 Wie viel Geld ist es? Schreibe auf zwei Arten.

53 € 21 ct	151 € 60 ct	1201 € 25 ct
53,21 €	151,60 €	1201,25 €

2 Schreibe die Zahl.

zwanzig Komma zwei vier 20,24 — null Komma fünf 0,5

elf Komma null acht 11,08 — zehn Komma eins 10,1

vierundsechzigtausendsechshundertsechsundvierzig Komma vier 64 646,4

3 Berechne den fehlenden Geldbetrag.

Joghurt	0,69
Milch	0,79
Bananen	1,99
Birnen	1,99
Summe	12,86

Nudeln	2,50
Reis	1,50
Tomaten	0,99
Avocado	3,99
Summe	17,05

Ich zahle mit 15 €. Rückgeld: 2,14 €

Ich zahle mit 50 €. Rückgeld: 32,95 €

Kommazahlen – Längen

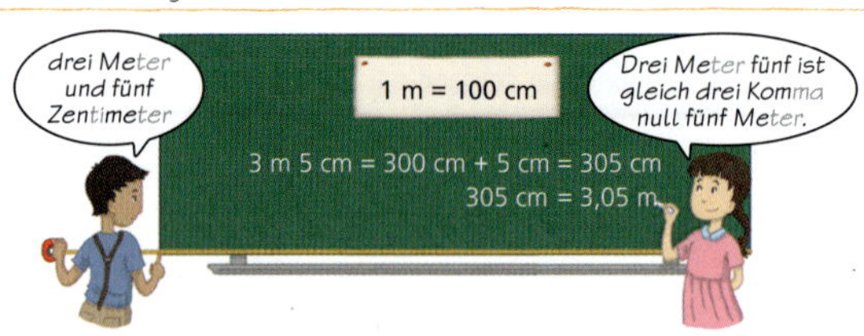

1 Was passt zusammen? Verbinde.

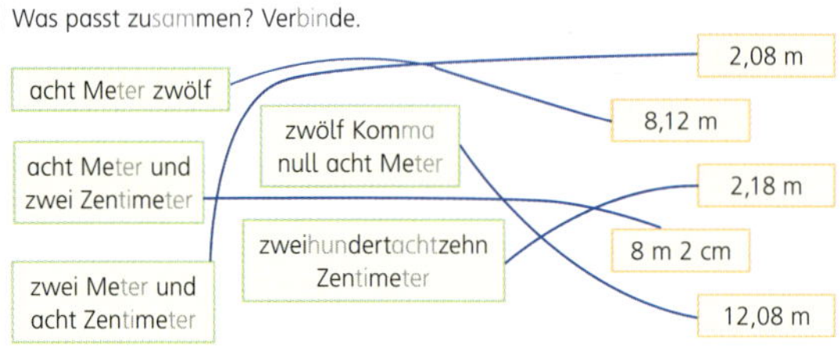

2 [illegible]

3,95 m + 2,84 m = 6,79 m — sechs Komma sieben neun Meter *

5,69 m + 5,06 m = 10,75 m — zehn Komma sieben fünf Meter *

3,95 m + 5,06 m = 9,01 m — neun Komma null eins Meter *

* Auch die andere Sprechweise ist möglich.

Schriftliche Multiplikation

Mit schriftlicher Addition

Schriftliche Multiplikation

1 Rechne auf beide Arten.

5 · 692 | 692 · 5: 692 + 692 + 692 + 692 + 692 = 3460; 692 · 5 = 3460

3 · 972 | 972 · 3: 972 + 972 + 972 = 2916; 972 · 3 = 2916

7 · 286 | 286 · 7: 286 + 286 + 286 + 286 + 286 + 286 + 286 = 2002; 286 · 7 = 2002

2 Multipliziere schriftlich. Verbinde mit dem passenden Ergebnis.

169 · 6 = 1014

1625 · 8 = 13000

375 · 8 = 3000

64 · 5 = 320

128125 · 4 = 512500

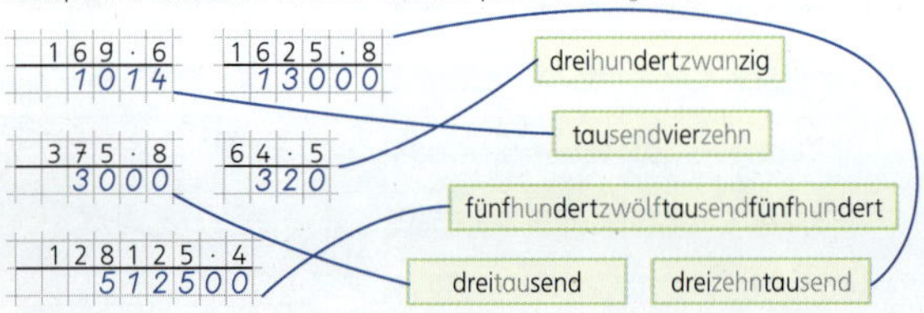

Schriftliche Multiplikation

1 Rechne wie die Kinder an der Tafel.

112 · 346:

112 · 300 = 33600

112 · 40 = 4480

112 · 6 = 672

112 · 346 = 33600 + 4480 + 672 = 38752

532 · 735:

532 · 700 = 372400

532 · 30 = 15960

532 · 5 = 2660

532 · 735 = 372400 + 15960 + 2660 = 391020

2 Rechne mit der schriftlichen Multiplikation. Ergänze die fehlenden Zahlen.

7214 · 22: 14428, 14428 = 158708

2933 · 35: 8799, 14665 = 102655

794 · 18: 794, 6352 = 14292

1897 · 41: 7588, 1897 = 77777

936 · 259: 1872, 4680, 8424 = 242424

882 · 481: 3528, 7056, 882 = 424242

962 · 546: 4810, 3848, 5772 = 525252

273 · 925: 2457, 546, 1365 = 252525

3 Verbinde die Aufgaben mit dem Ergebnis. Denke an den Überschlag.

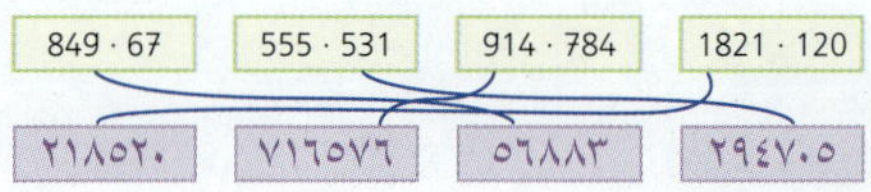

Schriftliche Division

```
        9 3 6 : 4 = 2 3 4      9 3 6 : 4 = 2 3 4      9 :  4 geht nicht
        8 0 0 : 4 = 2 0 0      8                      8 :  4 = 2
übrig   1 3 6                  1 3                    9 −  8 = 1
        1 2 0 : 4 =   3 0      1 2                   13 :  4 geht nicht
übrig     1 6                    1 6                 12 :  4 = 3
          1 6 : 4 =     4        1 6                 13 − 12 = 1
übrig       0                      0                 16 :  4 = 4
                                                     16 − 16 = 0
```

1 Rechne mit der schriftlichen Division. Ergänze die fehlenden Zahlen.

```
6 3 5 : 5 = 1 2 7     7 2 8 : 4 = 1 8 2     9 5 2 : 2 = 4 7 6
5                     4                     8
1 3                   3 2                   1 5
1 0                   3 2                   1 4
  3 5                   0 8                   1 2
  3 5                     8                   1 2
    0                     0                     0

8 8 8 : 3 = 2 9 6     8 5 4 : 7 = 1 2 2     9 9 2 : 8 = 1 2 4
6                     7                     8
2 8                   1 5                   1 9
2 7                   1 4                   1 6
  1 8                   1 4                   3 2
  1 8                   1 4                   3 2
    0                     0                     0
```

2 Dividiere schriftlich. Kontrolliere mit der schriftlichen Multiplikation.

```
1 8 4 5 : 5 = 3 6 9     5 7 8 9 : 7 = 8 2 7     8 3 2 8 : 3 = 2 7 7 6
1 5                     5 6                     6
  3 4                     1 8                   2 3
  3 0                     1 4                   2 1
    4 5                     4 9                   2 2
    4 5                     4 9                   2 1
      0                       0                     1 8
                                                    1 8
K:  3 6 9 · 5           K:  8 2 7 · 7                 0
  1 8 4 5                 5 7 8 9               K:  2 7 7 6 · 3
                                                    8 3 2 8
```


Teiler, Vielfache, Primzahl, gerade und ungerade

1 Kreise die Teiler ein.
Streiche die anderen Zahlen durch.

Teiler von 9: (1) ~~2~~ (3) ~~4~~ ~~5~~ ~~6~~ ~~7~~ ~~8~~ (9)
Teiler von 10: (1) (2) ~~3~~ ~~4~~ (5) ~~6~~ ~~7~~ ~~8~~ ~~9~~ (10)
Teiler von 11: (1) ~~2~~ ~~3~~ ~~4~~ ~~5~~ ~~6~~ ~~7~~ ~~8~~ ~~9~~ ~~10~~ (11)
Teiler von 12: (1) (2) (3) (4) ~~5~~ (6) ~~7~~ ~~8~~ ~~9~~ ~~10~~ ~~11~~ (12)
Teiler von 13: (1) ~~2~~ ~~3~~ ~~4~~ ~~5~~ ~~6~~ ~~7~~ ~~8~~ ~~9~~ ~~10~~ ~~11~~ ~~12~~ (13)

11 und *13* sind Primzahlen.

2 Richtig ✓ oder falsch ✗?

5 ist eine Primzahl.	✓	12 ist ein Vielfaches von 6.	✓
3 ist ein Teiler von 10.	✗	6 ist ein Vielfaches von 12.	✗
3 ist ein Teiler von 20.	✗	6 ist ein Teiler von 12.	✓

6, 10, 20 und 34 sind Vielfache von 2. Vielfache von 2 heißen **gerade** Zahlen.
« غيرادِه »

gerade	ungerade
6 = 3 · 2	9 = 4 · 2 + 1
10 = 5 · 2	11 = 5 · 2 + 1
20 = 10 · 2	61 = 30 · 2 + 1
34 = 17 · 2	73 = 36 · 2 + 1

9, 11, 61 und 73 sind keine Vielfachen von 2. Solche Zahlen heißen **ungerade** Zahlen.
« أُنْغيرادِه »

3 Streiche das falsche Wort durch.

7 ist ~~gerade~~ / ungerade.
30 ist gerade / ~~ungerade~~.
55 ist ~~gerade~~ / ungerade.
9 ist Teiler / ~~Vielfaches~~ von 18.
6 ist ~~Primzahl~~ / gerade.
16 ist ~~Teiler~~ / Vielfaches von 4.

Längen – Millimeter und Kilometer

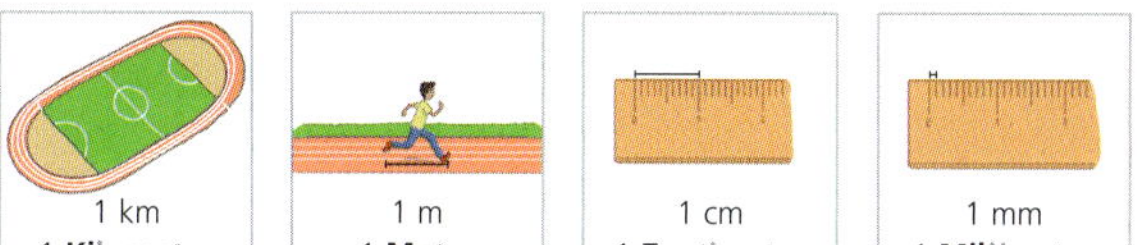

1 km	1 m	1 cm	1 mm
1 **Kilometer**	1 **Meter**	1 **Zentimeter**	1 **Millimeter**
« كيلومْيتا »	« ميْتا »	« تسِنتيميْتا »	« ميليميْتا »
1 km = 1 000 m	1 m = 100 cm	1 cm = 10 mm	

1 Verbinde.

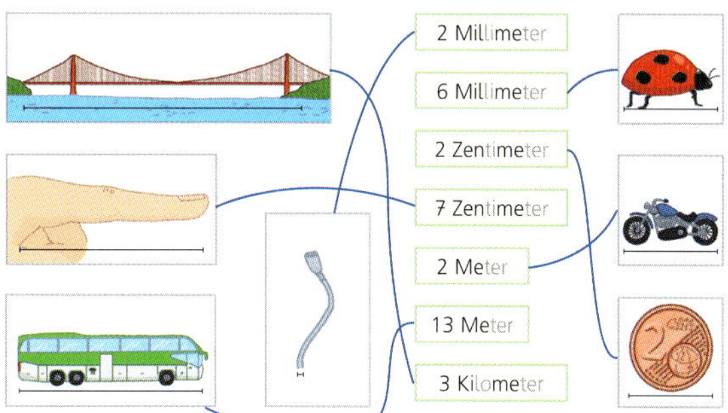

2 Schreibe als Zahl oder mit Worten.

sieben Komma sieben vier Meter	*7,74 m*
achtundzwanzig Zentimeter	*28 cm*
fünfundsiebzig Komma vier Kilometer	*75,4 km*
neunundzwanzig Millimeter	29 mm
null Komma acht Zentimeter	0,8 cm
fünfhundert Kilometer	500 km
vierhundertvierundzwanzig Zentimeter	*424 cm*
fünfhundertvier Millimeter	504 mm

Maßstab

Verkleinerung
« فِركلاينَرونْك »

Das Bild ist **kleiner** als ein echtes Auto.

1 cm im Bild **entspricht** 100 cm in Wirklichkeit.
« إنْتْش بْغيشت »

Maßstab 1 : 100
« ماسشتاب آينْز تسُو هوندَت »

Vergrößerung
« فِركروسَرونْك »

Das Bild ist **größer** als eine echte Fliege.

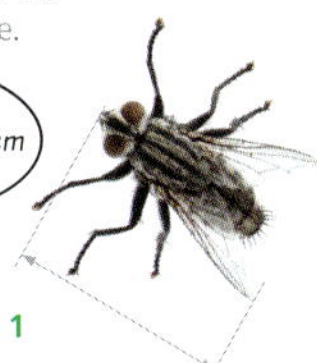

5 cm im Bild **entsprechen** 1 cm in Wirklichkeit.

Maßstab 5 : 1
« ماسشتاب فِنْف تسُو آينْز »

1 Ergänze die Werte in den Tabellen.

Maßstab 1 : 6

Größe im Bild	Größe in Wirklichkeit
1 cm	6 cm
2 cm	*12* cm
3 cm	*18 cm*
4 cm	*24 cm*

Maßstab 3 : 1

Größe im Bild	Größe in Wirklichkeit
3 mm	1 mm
9 mm	*3 mm*
15 mm	*5 mm*
3,9 cm	*1,3 cm*

2 Miss mit dem Lineal. Rechne die wirkliche Größe aus.

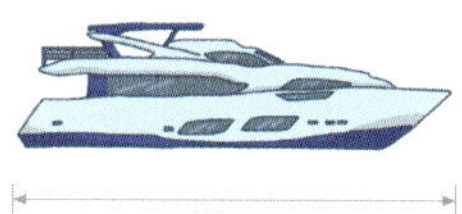

7 cm

Maßstab 1 : 200

Länge im Bild	Länge in Wirklichkeit
1 cm	200 cm = *2* m
2 cm	*4* m
7 cm	*14 m*

Gewichte

1 000 g = 1 kg 1 000 **Gramm** = 1 **Kilogramm**
1 000 kg = 1 t 1 000 Kilogramm = 1 **Tonne**

1 Verbinde die Bilder mit dem passenden Gewicht.

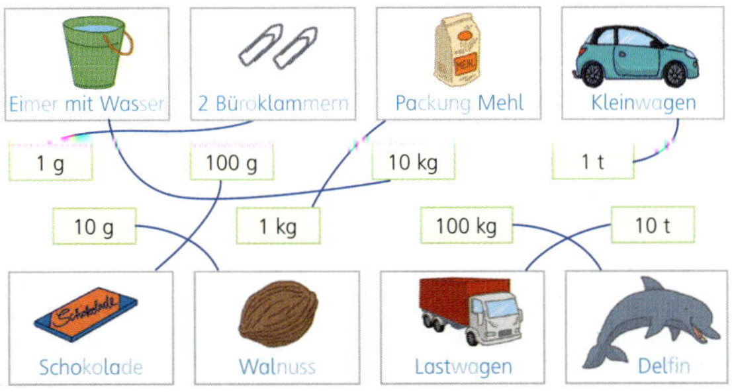

2 Richtig ✓ oder falsch ✗?

- Ein Eimer mit Wasser wiegt mehr als eine Packung Mehl. ✓
- Ein Delfin wiegt weniger als ein Lastwagen. ✓
- 2 Büroklammern wiegen mehr als eine Tafel Schokolade. ✗
- Ein Lastwagen wiegt genauso viel wie 10 Kleinwagen. ✓
- Eine Packung Mehl wiegt weniger als 100 Walnüsse. ✗

Gewichte, additiver und multiplikativer Vergleich

1 Ergänze die Sätze.

Der Apfel wiegt *100 g* mehr als die Kiwi.
Die Bananen wiegen *6-mal* so viel wie der Apfel.
Die Grapefruit wiegt *9-mal* so viel wie die Kiwi.
Die Grapefruit wiegt *400 g* mehr als die Kiwi.
Die *Kiwi* wiegt 100 g weniger als der *Apfel*.

2 Berechne die fehlenden Werte in den Tabellen.

Anzahl der Kiwis	Gewicht
1	50 g
10	*500* g
100	5 000 g = 5 kg
1 000	50 kg
10 000	*500* kg
100 000	*5 000* kg = *5* t
1 000 000	*50* t

Anzahl der Äpfel	Gewicht
1	150 g
2	*300 g*
4	*600 g*
40	*6 000 g = 6 kg*
400	*60 kg*
4 000	*600 kg*
40 000	*6 000 kg = 6 t*

Vierecksarten

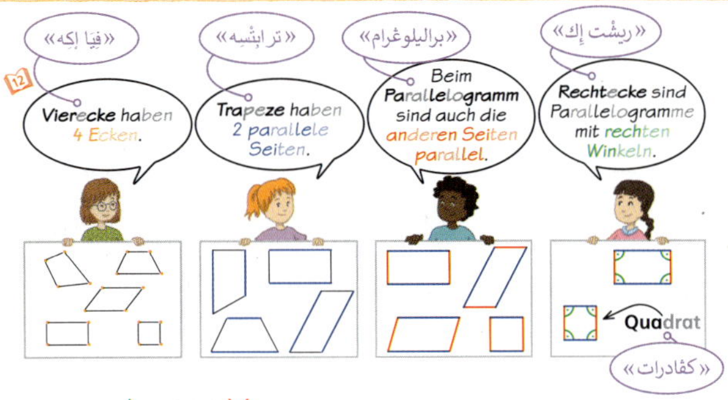

1 Richtig ✓ oder falsch ✗?

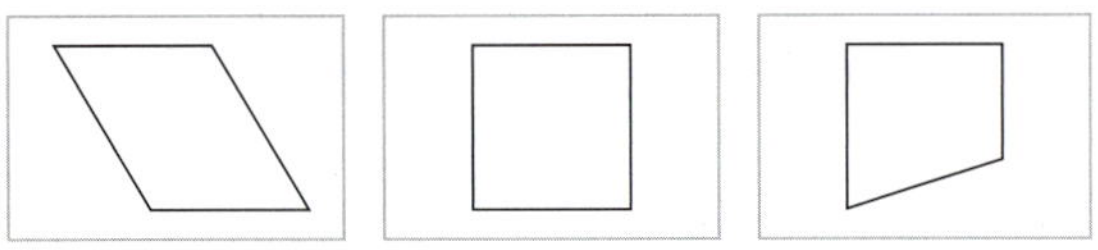

Viereck	✓	Rechteck	✓	Trapez	✓
Parallelogramm	✓	Parallelogramm	✓	Rechteck	✗
Rechteck	✗	Trapez	✓	Quadrat	✗

2 Zeichne mit einem Geodreieck *

zwei Parallelogramme, drei Trapeze.

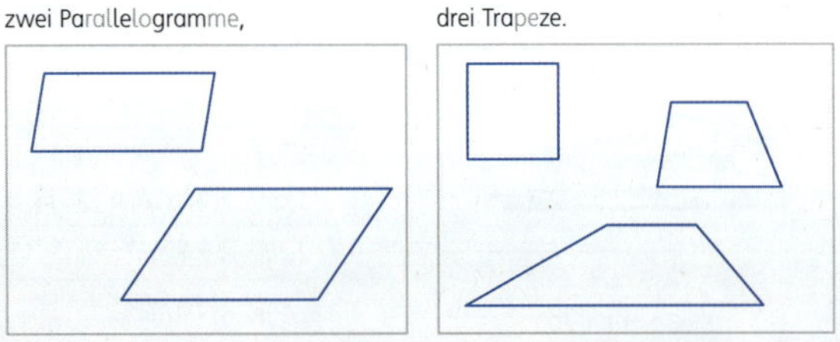

* Beispiellösung

Drehsymmetrie

1 Markiere das richtige Kästchen.

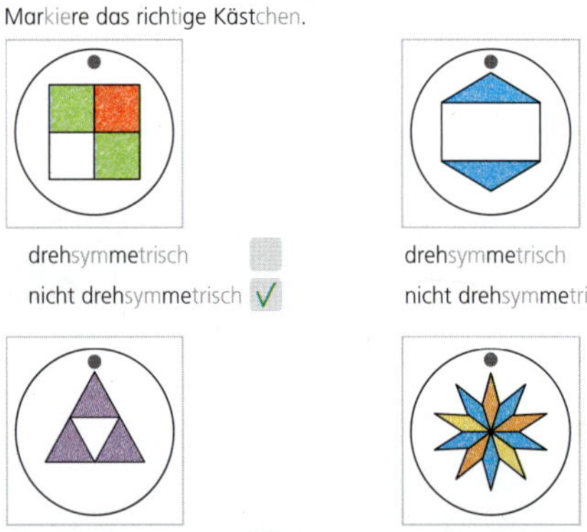

drehsymmetrisch		drehsymmetrisch	✓
nicht drehsymmetrisch	✓	nicht drehsymmetrisch	
drehsymmetrisch	✓	drehsymmetrisch	
nicht drehsymmetrisch		nicht drehsymmetrisch	✓

2 Male die drehsymmetrischen Formen an. Streiche die anderen durch.

Zeitspannen

1 Wie lange dauert es? Ergänze Stunden, Minuten oder Sekunden.

10 *Sekunden* | 11 *Stunden* | 3 *Minuten*

5 *Stunden* | 30 *Minuten* | 30 *Sekunden*

2 Berechne die Zeitspanne.

20:17 49 → 20:49 49

32 Minuten

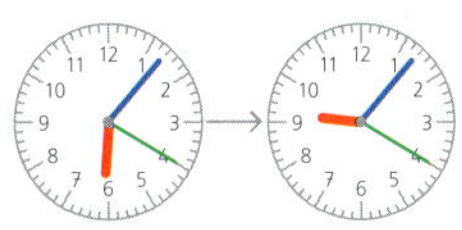

3 Stunden

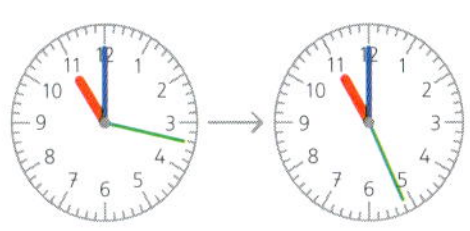

9 Sekunden

16:59 55 → 17:00 10

15 Sekunden

Tage, Wochen, Monate, Jahre

1 Lerne die Wochentage auswendig.

- **Montag** – « مونتاك »
- **Dienstag** – « دينستاك »
- **Mittwoch** – « ميتفوخ »
- **Donnerstag** – « دوناستاك »
- **Freitag** – « فرايتاك »
- **Samstag** – « زامستاك »
- **Sonntag** – « زونتاك »

2 Lerne die Monatsnamen auswendig.

1. **Januar** – « يانوَا »
2. **Februar** – « فيبروَا »
3. **März** – « ميرتْس »
4. **April** – « أبريل »
5. **Mai** – « ماي »
6. **Juni** – « يوني »
7. **Juli** – « يولي »
8. **August** – « أوغوست »
9. **September** – « زيبتِمْبا »
10. **Oktober** – « أوكتوبا »
11. **November** – « نوفيمْبا »
12. **Dezember** – « ديتسيمبا »

Rauminhalt – Volumen

« ليتا » « ميليليتا »

1 Liter = 1 000 Milliliter
1 l = 1 000 ml

1 Verbinde.
Beachte den Kasten.

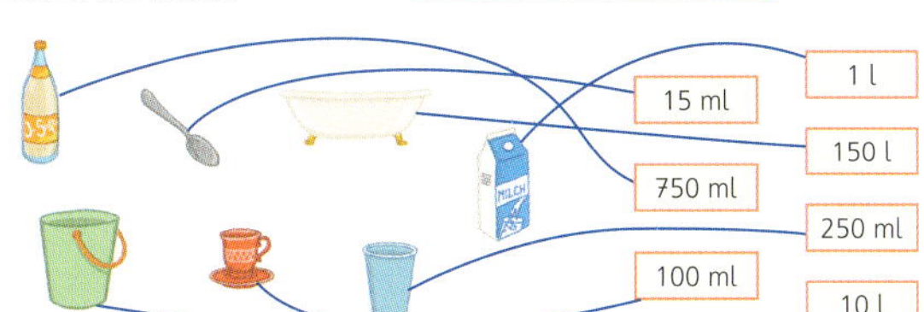

2 Richtig ✓ oder falsch ✗?

Die Badewanne fasst mehr als der Eimer.	✓
Der Becher fasst mehr als die Flasche.	✗
Die Flasche fasst weniger als der Becher.	✗
Der Eimer fasst weniger als die Badewanne.	✓

Operative Formate

1 Rechne die fehlenden Zahlen aus.

2	5	*7*	*12*	*19*	*31*
10	2	*12*	*14*	*26*	*40*

10	11	*21*	*32*	*53*	*85*
15	*3*	*18*	*21*	39	60

2 Probiere aus. Ist das Ergebnis richtig ✓ oder falsch ✗?

3	*3*	*6*	*9*	*15*	34 (*24*)	✗
3	*5*	*8*	*13*	*21*	34	✓

3	*4*	*7*	*11*	*18*	34 (*29*)	✗
3	*6*	*9*	*15*	*24*	34 (*39*)	✗

3 Probiere auf einem Notizzettel aus. Schreibe die richtige Lösung.

9	*2*	*11*	*13*	*24*	37
33	*33*	*66*	*99*	*165*	264

24	*10*	*34*	*44*	*78*	122
5	16	*21*	*37*	58	*95*

4 Rechne die fehlenden Zahlen aus.

Zahlenmauer 1: 50 / 30, *20* / *15*, *15*, 5

Zahlenmauer 2: *129* / 60, 69 / *39*, *21*, 48

Zahlenmauer 3: 104 / 51, *53* / 25, *26*, *27*

5 Probiere auf einem Notizzettel aus.

Zahlenmauer 1: 49 / *27*, 22 / 13, *14*, 8

Zahlenmauer 2: 72 / *36*, *36* / *0*, 36, *0*

Kombinatorik

1 Baue Türme aus ▮, ▮, ▮ und ▮. Male sie.

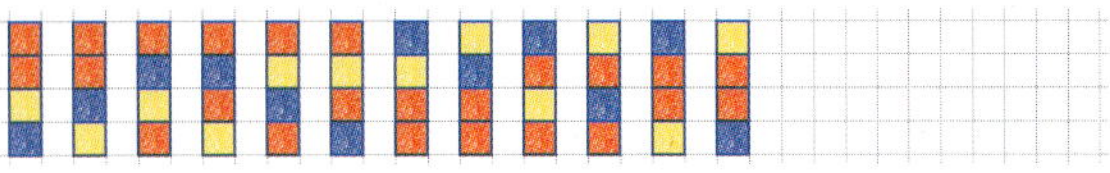

Es gibt 12 Möglichkeiten.

2 Carlos hat 2 Hemden und 3 Hosen. Wie viele Möglichkeiten hat er, um sich anzuziehen? Löse die Aufgabe mit dem Baumdiagramm.

Carlos hat 6 Möglichkeiten, um sich anzuziehen.

3 Wie viele Möglichkeiten gibt es, aus den Bausteinen Häuser zu bauen?

Es gibt 12 Möglichkeiten.

Wahrscheinlichkeit

1 Trage die richtigen Wörter ein.

Es ist unmöglich, dass das Glücksrad gelb zeigt.

Es ist unwahrscheinlich, dass das Glücksrad blau zeigt.

Es ist sicher, dass das Glücksrad blau, rot oder grün zeigt.

Es ist wahrscheinlich, dass das Glücksrad rot oder grün zeigt.

2 Verbinde die Glücksräder mit den passenden Sätzen.

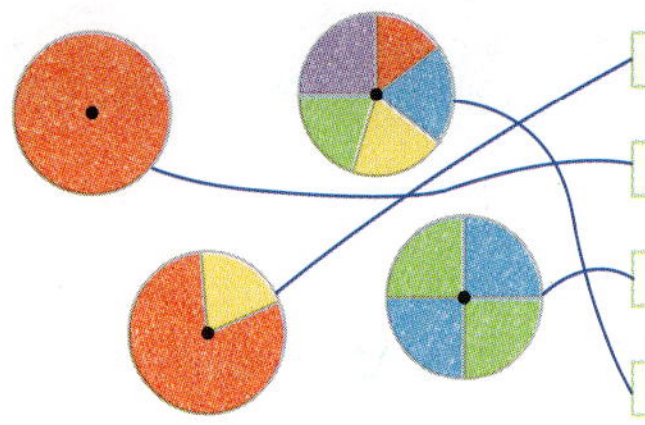

Das Glücksrad zeigt oft rot.

Das Glücksrad zeigt immer rot.

Das Glücksrad zeigt nie rot.

Das Glücksrad zeigt selten rot.

Sachrechnen – Frage, Lösungsweg, Antwort

Die Sachaufgabe «زاخ أوف غابه»

Landwirt Krause zäunt seine neue Weide ein. Sie ist 50 m lang und 30 m breit. Das Tor soll 4 m breit sein. ← Informationen «إنفورماتسيون»

F: Wie viel Meter Zaun benötigt er? ← Frage «فراغه»

L: ← Lösungsweg «لُوزونغسفيك»

Skizze (50 m, 30 m, 4 m) ← Skizze «سكيتسه»

50 + 50 = 100
30 + 30 = 60
100 + 60 − 4 = 156 ← Rechnung «رِشنونك»

A: Er benötigt 156 m Zaun. ← Antwort «أنتفورت»

1 Welcher Teil einer bearbeiteten Sachaufgabe ist es? Schreibe auf.

7 km | 4 km — Skizze

Frau Helbig geht einkaufen. Sie kauft 12 Eier zu je 29 ct und 2 Liter Milch für 1,09 € pro Liter. — Informationen

Insgesamt geht Felix 11 km. — Antwort

Wie viel muss Frau Helbig bezahlen? — Frage

7 km | 4 km; 7 + 4 = 11 — Lösungsweg

3,48 € + 2,18 € = 5,66 € — Rechnung

1	2	3	10	20	30
4	5	6	40	50	60
7	8	9	70	80	90
	10	100	100		
	20	200	200		
	30	300	300		
	40	400	400		
	50	500	500		
	60	600	600		

dreißig	zwanzig	zehn	drei	zwei	eins
sechzig	fünfzig	vierzig	sechs	fünf	vier
neunzig	achtzig	siebzig	neun	acht	sieben

einhundert	einhundert	zehn
zweihundert	zweihundert	zwanzig
dreihundert	dreihundert	dreißig
vierhundert	vierhundert	vierzig
fünfhundert	fünfhundert	fünfzig
sechshundert	sechshundert	sechzig

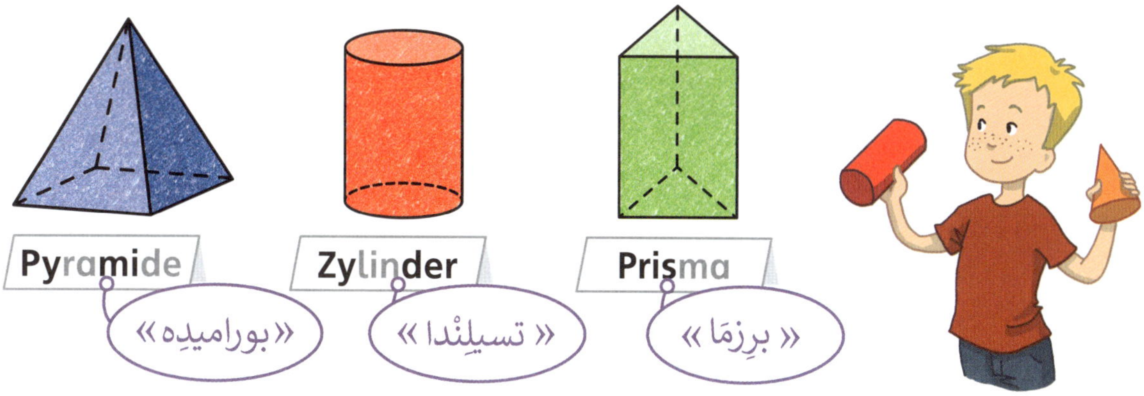

1 Verbinde mit der richtigen Körperform.

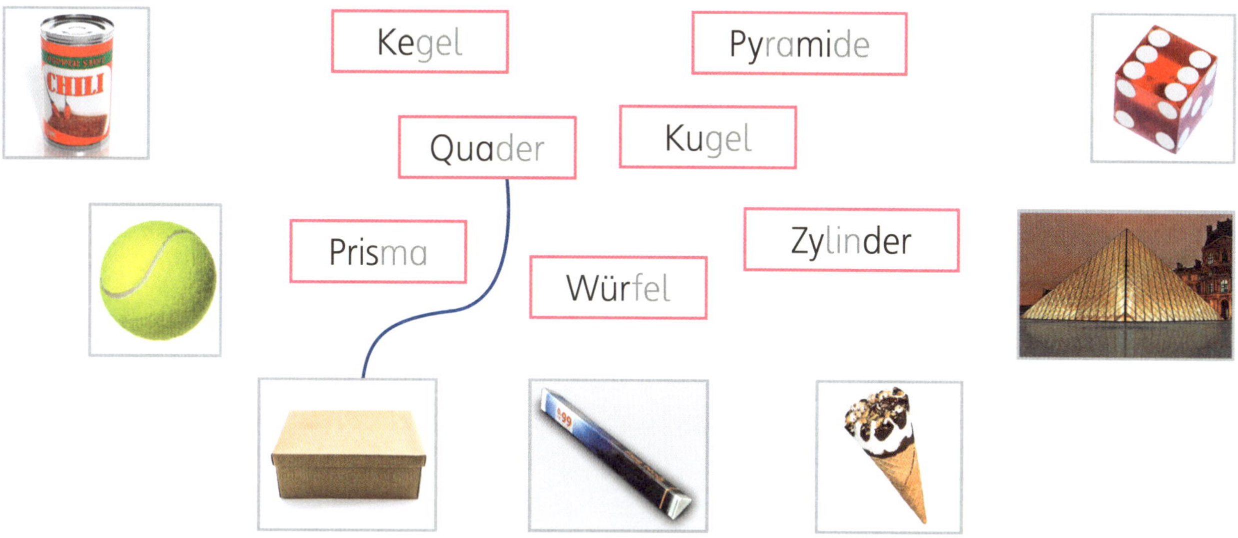

2 Welches Netz ist es?

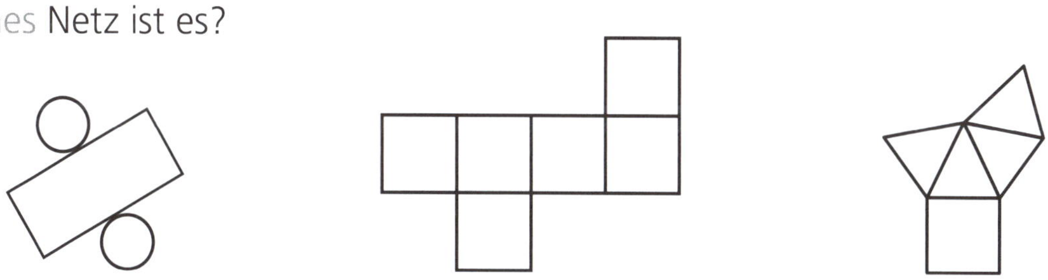

Zy netz

«دراي أُند تسفانسِك تاوزِند»

1000	tausend, eintausend
5000	fünftausend
23000	dreiundzwanzigtausend
412000	vierhundertzwölftausend

1 Schreibe die Zahl oder das Zahlwort.

neunhundertzw	962
achthundertvierundsiebzigtausend	
fünfhundertsiebenundneunzig	
	616000
	120000
zweihundertfünf	

2 Schreibe die Zahl.

acht | zehn | vier | zig | und | drei | tausend

vier | und | ac | | = ___

| | | | = ___ | | = ___

| | | = ___ | | = ___

3 Verbinde die arabischen Zahlen mit dem Zahlwort.

siebentausend | ١٩٠٠٠ | ٩٧ | neunundsiebzigtausend

neunzehntausend | ٩٠٠٠٠ | siebenundneunzig

neunzigtausend | ٧٩٠٠٠ | ١٧

neunzig | ٧٠٠٠ | ٩٠ | siebzehn

234 281 = 234 000 + 281

zweihundertvierunddreißigtausendzweihunderteinundachtzig

200	4	30	1 000	200	1

1 Verbinde die passenden Kärtchen.

234 281	602 442	561 120	47 503	110 290	300 700

sechshundertzweitausend	einhundertzwanzig
dreihunderttausend	zweihunderteinundachtzig
zweihundertvierunddreißigtausend	fünfhundertdrei
fünfhunderteinundsechzigtausend	vierhundertzweiundvierzig
hundertzehntausend	siebenhundert
siebenundvierzigtausend	zweihundertneunzig

2 Ergänze die Zahlwörter und schreibe deine Zahlen.

drei hundertviertausend

zweihundert ______ undvierzig

______ elftausend

______ tausendzweihundertneunundneunzig

einund ______ tausend ______ hundert

______ und ______ tausendeinhundertelf

zwölf ______ vierhundert ______

______ hundert ______ und ______ tausend

17 **1** Addiere schriftlich.

36 572 + 29 664   146 293 + 3 926   339 804 + 660 196

18 19 **2** Subtrahiere schriftlich.

92 422 − 38 170   336 714 − 119 215   230 694 − 8 927

15 **3** Schreibe die Aufgabe und rechne sie aus.

a) Addiere 25 370 und zweiunddreißigtausendneunzig. 25 370 + ______

b) Der Minuend ist 90 472, der Subtrahend 33 259. ______

c) Subtrahiere 55 207 von neunzigtausendeinhundertelf. ______

a)   b)   c)

4 Erfinde eigene Aufgaben und rechne sie aus.

9 **5** Rechne den Überschlag.

940 + 628   12 034 + 7 996

Ü: ___ + ___ = ___   Ü: ___ + ___ = ___

273452

M	HT	ZT	T	H	Z	E
	2	7	3	4	5	2

M	HT	ZT	T	H	Z	E
	••	•••••••	•••	••••		

9 **1** Rechne den Überschlag und verbinde mit dem Ergebnis.

	24976	+	339214		
Ü:	20000	+	340000	=	360000
	446321	–	119239		
Ü:		–		=	
	876416	–	8429		
Ü:		–		=	
	17280	+	26551		
Ü:		+		=	
	415942	–	204406		
Ü:		–		=	
	6691	+	555409		
Ü:		+		=	

867tausend987

dreiundvierzigtausend-achthunderteinunddreißig

HT	ZT	T	H	Z	E
3	2	7	0	8	2

364190

HT	ZT	T	H	Z	E
•••••	••••••	••	•		

HT	ZT	T	H	Z	E
••	•	•	•••••	•••	••••••

2 Schreibe Plusaufgaben oder Minusaufgaben zu den vorgegebenen Ergebnissen.

200000	=	195000	+	5000
	=			
	=			
	=			
	=			
	=			

~~zweihunderttausend~~

HT	ZT	T	H	Z	E
1	2	3	4	5	6

720tausend300

312407

eine Million 28

HT	ZT	T	H	Z	E
••	••	•	•	••••	••••

1 Wie viel Geld ist es? Schreibe auf zwei Arten.

53 € 21 ct	______	______
53,21 €	______	______

2 Schreibe die Zahl.

zwanzig Komma zwei vier ______ null Komma fünf ______

elf Komma null acht ______ zehn Komma eins ______

vierundsechzigtausendsechshundertsechsundvierzig Komma vier ______

3 Berechne den fehlenden Geldbetrag.

Joghurt	0,69
Milch	0,79
Bananen	1,99
Birnen	1,99
Summe	12,86

Ich zahle mit 15 €.

Rückgeld: ______

Nudeln	2,50
Reis	1,50
Tomaten	0,99
Avocado	3,99
Summe	17,05

Ich zahle mit ______.

Rückgeld: 32,95 €

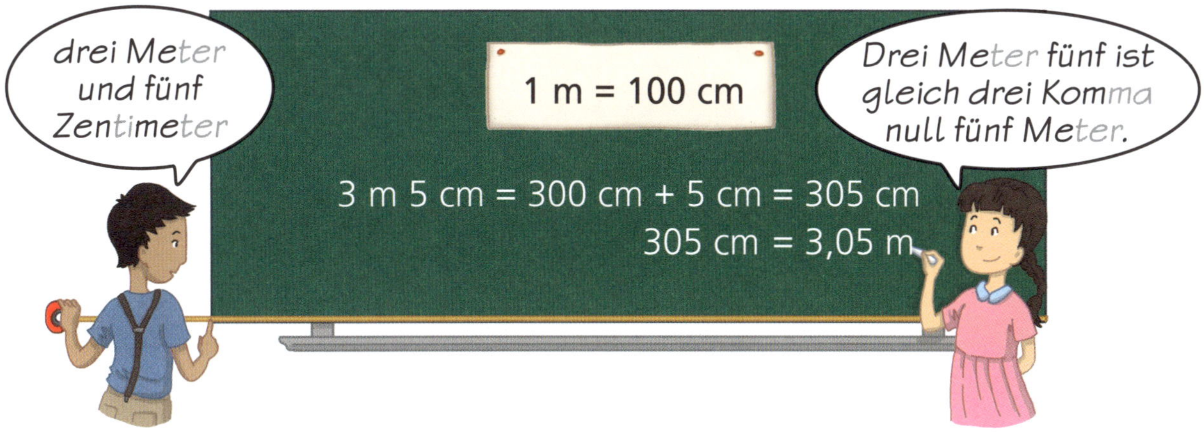

1 Was passt zusammen? Verbinde.

- acht Meter zwölf
- acht Meter und zwei Zentimeter
- zwei Meter und acht Zentimeter
- zwölf Komma null acht Meter
- zweihundertachtzehn Zentimeter

- 2,08 m
- 8,12 m
- 2,18 m
- 8 m 2 cm
- 12,08 m

2 Berechne die Gesamtlänge. Addiere schriftlich.

drei Meter fünfundneunzig

fünf Komma sechs neun Meter

2,84 m

5 m 6 cm

$$\begin{array}{r} 3{,}95\,m \\ +\,2{,}84\,m \\ \hline \end{array}$$

sechs

Mit schriftlicher Addition 17

Schriftliche Multiplikation

1 Rechne auf beide Arten.

5 · 692	692 · 5

3 · 972	972 · 3

7 · 286	286 · 7

```
  692     692 · 5
  692
  692
  692
+ 692
```

2 Multipliziere schriftlich. Verbinde mit dem passenden Ergebnis.

169 · 6

1625 · 8

375 · 8

64 · 5

128125 · 4

dreihundertzwanzig

tausendvierzehn

fünfhundertzwölftausendfünfhundert

dreitausend

dreizehntausend

1 Rechne wie die Kinder an der Tafel.

112 · 346

1 1 2 · 3 0 0
3 3 6 0 0
1 1 2 · 4 0
4 4 8 0
1 1 2 · 6

1 1 2 · 3 4 6
3 3 6 0 0
4 4 8 0

532 · 735

5 3 2 · 7 0 0
5 3 2 · 3 0
5 3 2 · 5

5 3 2 · 7 3 5

2 Rechne mit der schriftlichen Multiplikation. Ergänze die fehlenden Zahlen.

7 2 1 4 · 2 2
1 4 4 2 8
1 4 4 2 8

2 9 3 3 · 3 5
8 7 9 9
1 4 6 6 5

7 9 4 · 1 8
7 9 4

1 8 9 7 · 4 1
1 8 9 7

9 3 6 · 2 5 9
1 8 7 2

8 8 2 · 4 8 1
7 0 5 6

9 6 2 · 5 4 6

2 7 3 · 9 2 5

3 Verbinde die Aufgaben mit dem Ergebnis. Denke an den Überschlag.

849 · 67 | 555 · 531 | 914 · 784 | 1821 · 120

٢١٨٥٢٠ | ٧١٦٥٧٦ | ٥٦٨٨٣ | ٢٩٤٧٠٥

```
      9 3 6 : 4 = 2 3 4
      8 0 0 : 4 = 2 0 0
übrig 1 3 6
      1 2 0 : 4 =   3 0
übrig   1 6
        1 6 : 4 =     4
übrig     0
```

```
9 3 6 : 4 = 2 3 4
8
1 3
1 2
  1 6
  1 6
    0
```

9 : 4 geht nicht
8 : 4 = 2
9 − 8 = 1
13 : 4 geht nicht
12 : 4 = 3
13 − 12 = 1
16 : 4 = 4
16 − 16 = 0

1 Rechne mit der schriftlichen Division. Ergänze die fehlenden Zahlen.

```
6 3 5 : 5 = 1 2 _
5
1 3
1 0
  _ _
    0
```

```
7 2 8 : 4 = 1 8 _
4
3 2
3 2
  _ _
    0
```

```
9 5 2 : 2 = 4 _ 6
8
_ _
  1 2
  1 2
    0
```

```
8 8 8 : 3 = _ 9 _
_
2 8
2 7
  _ _
    0
```

```
8 5 4 : 7 = 1 _ _
7
_ _
  _ _
    0
```

```
9 9 2 : 8 = _ _ 4
_
_ _
  3 2
  3 2
    0
```

2 Dividiere schriftlich. Kontrolliere mit der schriftlichen Multiplikation.

```
1 8 4 5 : 5 = 3 _ _
1 5
  _ _
    _ _
      0
K: 3 _ _ · 5
```

```
5 7 8 9 : 7 = _ _ _
_
  _ _
    _ _
      _
K: _ _ _ · 7
```

```
8 3 2 8 : 3 = _ _ _ _
_
_ _
  _ _
    _ _
      0
K: _ _ _ _ · 3
```

1 Kreise die Teiler ein.
Streiche die anderen Zahlen durch.

Teiler von 9: (1) ~~2~~ 3 4 5 6 7 8 9
Teiler von 10: 1 2 3 4 5 6 7 8 9 10
Teiler von 11: 1 2 3 4 5 6 7 8 9 10 11
Teiler von 12: 1 2 3 4 5 6 7 8 9 10 11 12
Teiler von 13: 1 2 3 4 5 6 7 8 9 10 11 12 13

___ und ___ sind Primzahlen.

2 Richtig ✓ oder falsch ✗?

5 ist eine Primzahl. ___
3 ist ein Teiler von 10. ___
3 ist ein Teiler von 20. ___
12 ist ein Vielfaches von 6. ___
6 ist ein Vielfaches von 12. ___
6 ist ein Teiler von 12. ___

gerade	ungerade
6 = 3 · 2	9 = 4 · 2 + 1
10 = 5 · 2	11 = 5 · 2 + 1
20 = 10 · 2	61 = 30 · 2 + 1
34 = 17 · 2	73 = 36 · 2 + 1

3 Streiche das falsche Wort durch.

7 ist ~~gerade~~ / ungerade.
30 ist gerade / ungerade.
55 ist gerade / ungerade.
9 ist Teiler / Vielfaches von 18.
6 ist Primzahl / gerade.
16 ist Teiler / Vielfaches von 4.

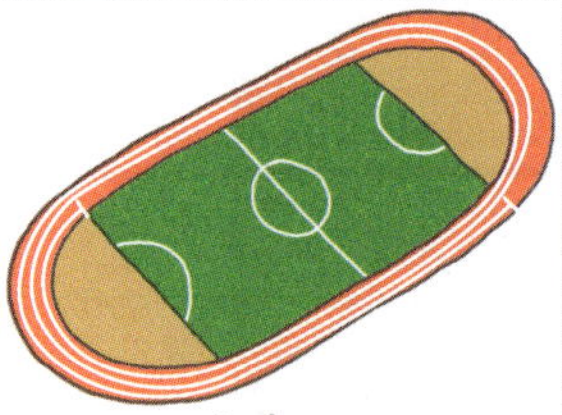

1 km
1 **Kilometer**
« كيلومِيْتَا »
1 km = 1 000 m

1 m
1 **Meter**
« مِيْتَا »
1 m = 100 cm

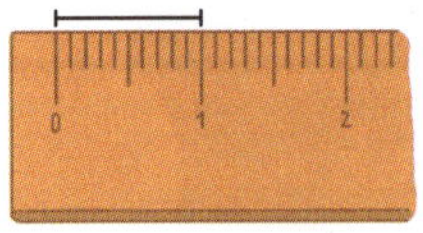

1 cm
1 **Zentimeter**
« تسِنتيمِيْتَا »
1 cm = 10 mm

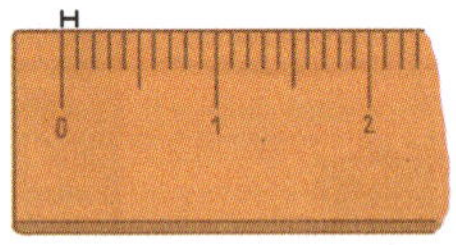

1 mm
1 **Millimeter**
« ميليمِيْتَا »

1 Verbinde.

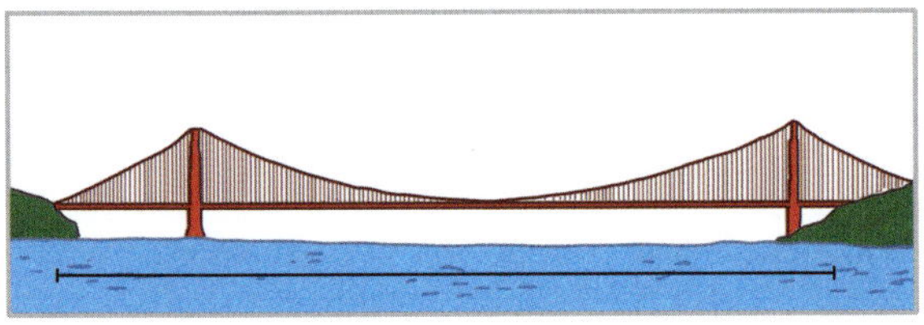

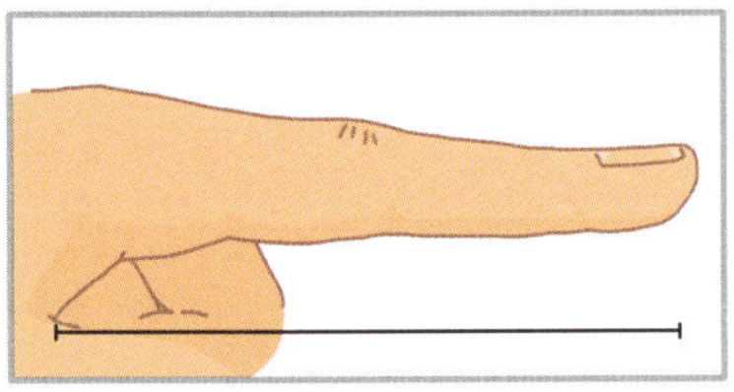

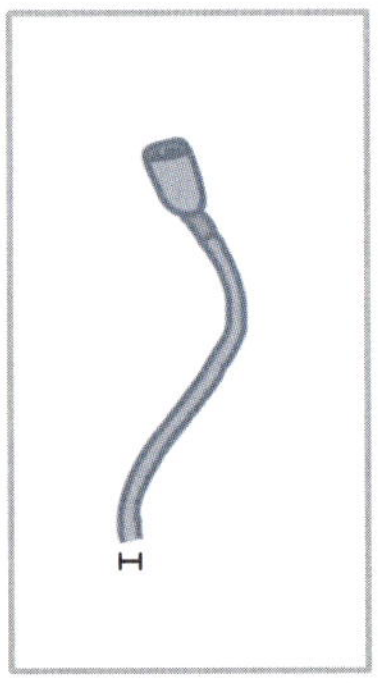

2 Millimeter

6 Millimeter

2 Zentimeter

7 Zentimeter

2 Meter

13 Meter

3 Kilometer

31 2 Schreibe als Zahl oder mit Worten.

sieben Komma sieben vier Meter

achtundzwanzig Zentimeter

fünfundsiebzig Komma vier Kilometer

__________ 29 mm

__________ 0,8 cm

__________ 500 km

vierhundertvierundzwanzig Zentimeter

__________ 504 mm

Verkleinerung

«فِركلاينَرونْك»

Das Bild ist **kleiner** als ein echtes Auto.

«إنْتش بْغيشت»

1 cm im Bild ***entspricht*** *100 cm in Wirklichkeit.*

Maßstab 1 : 100

«ماسشتاب آينْز تسُو هوندَت»

Vergrößerung

«فِركروسَرونْك»

Das Bild ist **größer** als eine echte Fliege.

5 cm im Bild entsprechen 1 cm in Wirklichkeit.

Maßstab 5 : 1

«ماسشتاب فِنْف تسُو آينْز»

1 Ergänze die Werte in den Tabellen.

Maßstab 1 : 6

Größe im Bild	Größe in Wirklichkeit
1 cm	6 cm
2 cm	___ cm
3 cm	______
4 cm	______

Maßstab 3 : 1

Größe im Bild	Größe in Wirklichkeit
3 mm	1 mm
9 mm	______
15 mm	______
3,9 cm	______

2 Miss mit dem Lineal. Rechne die wirkliche Größe aus.

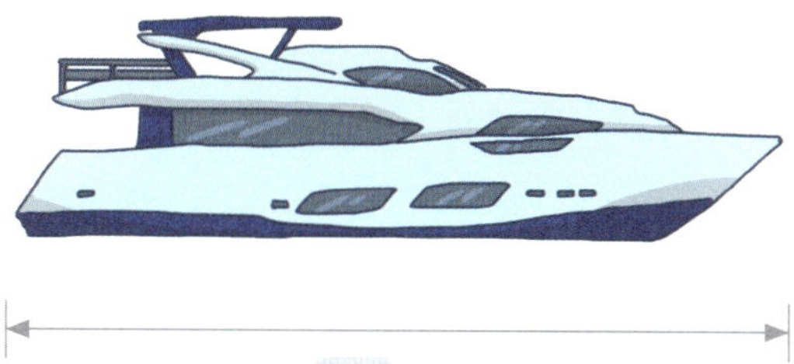

___ cm

Maßstab 1 : 200

Länge im Bild	Länge in Wirklichkeit
1 cm	200 cm = ___ m
2 cm	___ m
___ cm	______

«غرام» «كيلو غرام» «تونه»

1 000 g = 1 kg   1 000 **Gramm** = 1 **Kilogramm**
1 000 kg = 1 t   1 000 Kilogramm = 1 **Tonne**

1 Verbinde die Bilder mit dem passenden Gewicht.

Eimer mit Wasser

2 Büroklammern

Packung Mehl

Kleinwagen

1 g   100 g   10 kg   1 t

10 g   1 kg   100 kg   10 t

Schokolade

Walnuss

Lastwagen

Delfin

2 Richtig ✓ oder falsch ✗?

Ein Eimer mit Wasser wiegt mehr als eine Packung Mehl. ☐
Ein Delfin wiegt weniger als ein Lastwagen. ☐
2 Büroklammern wiegen mehr als eine Tafel Schokolade. ☐
Ein Lastwagen wiegt genauso viel wie 10 Kleinwagen. ☐
Eine Packung Mehl wiegt weniger als 100 Walnüsse. ☐

1 Ergänze die Sätze.

Kiwi

Apfel

Grapefruit

Bananen

Der Apfel wiegt ____________ mehr als die Kiwi.

Die Bananen wiegen ____________ so viel wie der Apfel.

Die Grapefruit wiegt ____________ so viel wie die Kiwi.

Die Grapefruit wiegt ____________ mehr als die Kiwi.

Die ____________ wiegt 100 g weniger als der ____________ .

38 2 Berechne die fehlenden Werte in den Tabellen.

Anzahl der Kiwis	Gewicht
1	50 g
10	_____ g
100	5 000 g = 5 kg
1 000	50 kg
10 000	________ kg
100 000	________ kg = ____ t
1 000 000	________ t

Anzahl der Äpfel	Gewicht
1	150 g
2	
4	
40	
400	
4 000	
40 000	

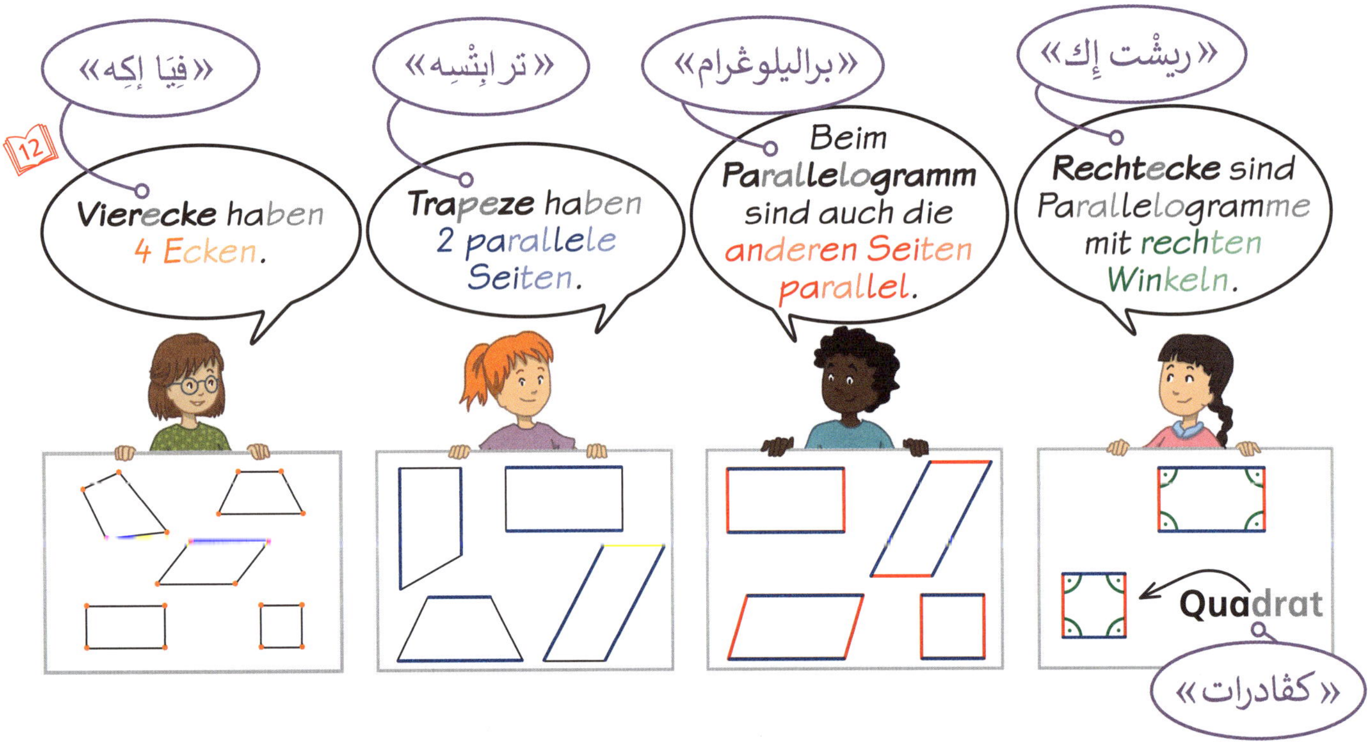

1 Richtig ✓ oder falsch ✗?

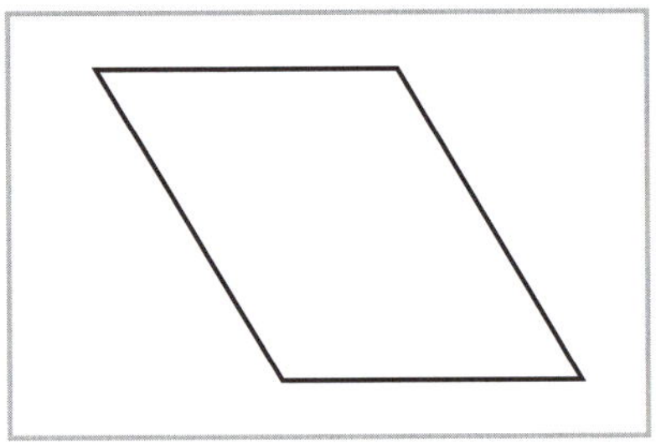

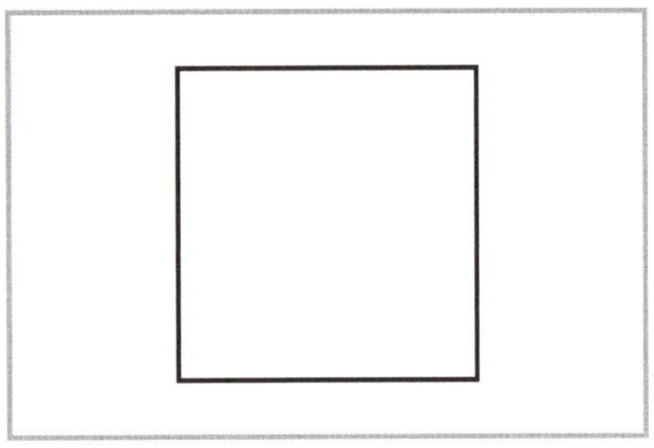

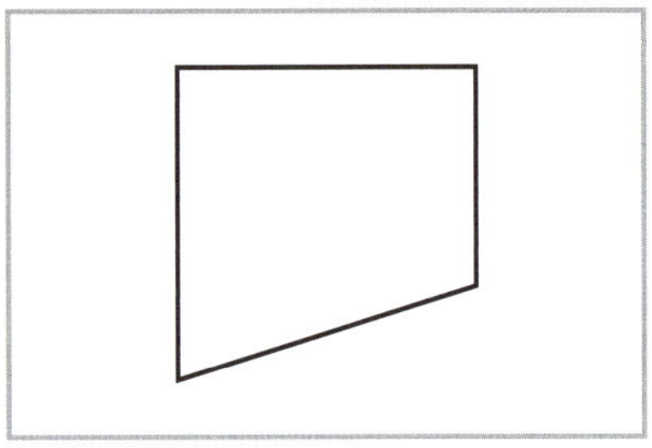

Viereck	✓	Rechteck		Trapez	
Parallelogramm	✓	Parallelogramm		Rechteck	
Rechteck		Trapez		Quadrat	

2 Zeichne mit einem Geodreieck 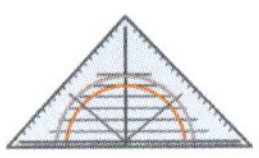

zwei Parallelogramme,

drei Trapeze.

1 Markiere das richtige Kästchen.

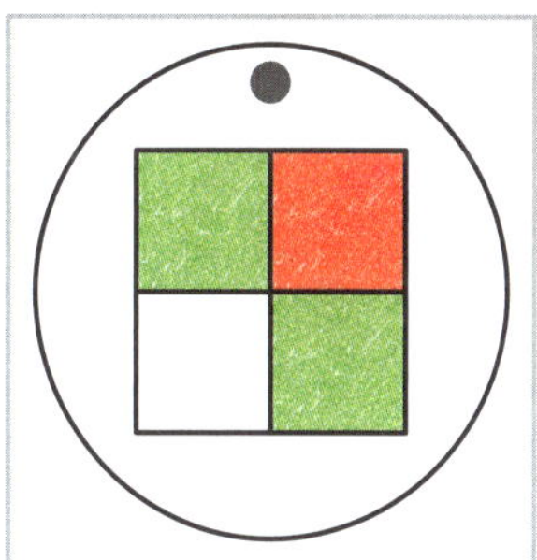

drehsymmetrisch ☐
nicht drehsymmetrisch ✓

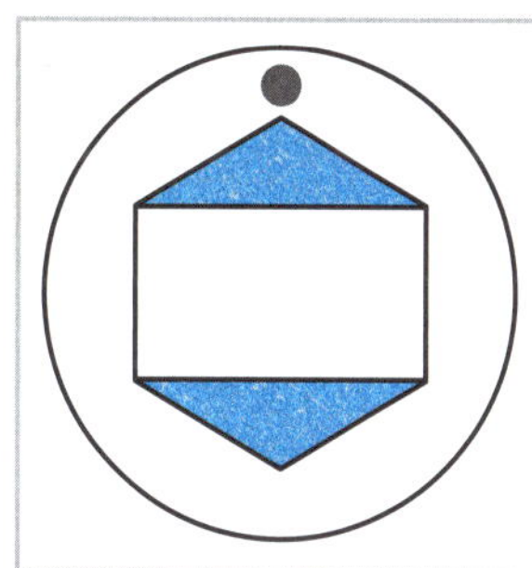

drehsymmetrisch ☐
nicht drehsymmetrisch ☐

drehsymmetrisch ☐
nicht drehsymmetrisch ☐

drehsymmetrisch ☐
nicht drehsymmetrisch ☐

2 Male die drehsymmetrischen Formen an. Streiche die anderen durch.

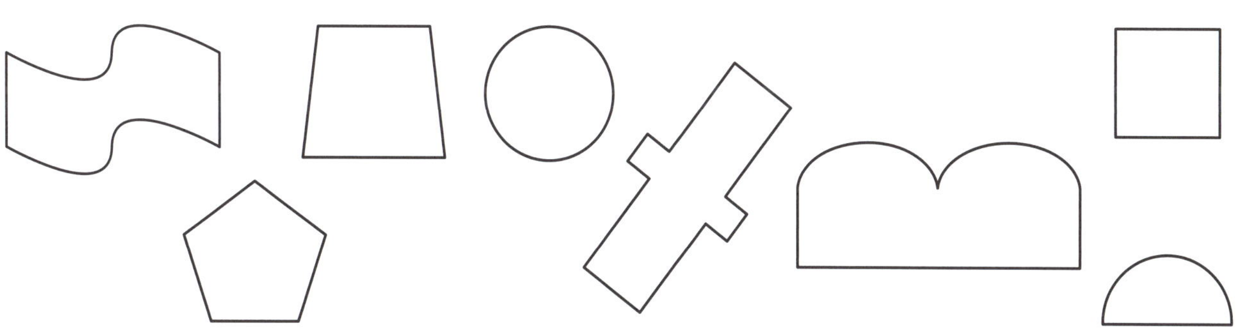

10:25 00

« زِكوندِن »

10 **Sekunden** →

10 s

10:25 10

1 Wie lange dauert es? Ergänze Stunden, Minuten oder Sekunden.

10 Sek

11 ____________

3 ____________

5 ____________

30 ____________

30 ____________

2 Berechne die Zeitspanne.

20:17 49 → 20:49 49

____

 → 

____

 → 

____

16:59 55 → 17:00 10

____

«كالِندا»

In diesem Kalender siehst du alle Tage eines ganzen Jahres.

2019

	Januar	Februar	März	April
Montag	7 14 21 28	4 11 18 25	4 11 18 25	1 8 15 22 29
Dienstag	1 8 15 22 29	5 12 19 26	5 12 19 26	2 9 16 23 30
Mittwoch	2 9 16 23 30	6 13 20 27	6 13 20 27	3 10 17 24
Donnerstag	3 10 17 24 31	7 14 21 28	7 14 21 28	4 11 18 25
Freitag	4 11 18 25	1 8 15 22	1 8 15 22 29	5 12 19 26
Samstag	5 12 19 26	2 9 16 23	2 9 16 23 30	6 13 20 27
Sonntag	6 13 20 27	3 10 17 24	3 10 17 24 31	7 14 21 28

	Mai	Juni	Juli	August
Montag	6 13 20 27	3 10 17 24	1 8 15 22 29	5 12 19 26
Dienstag	7 14 21 28	4 11 18 25	2 9 16 23 30	6 13 20 27
Mittwoch	1 8 15 22 29	5 12 19 26	3 10 17 24 31	7 14 21 28
Donnerstag	2 9 16 23 30	6 13 20 27	4 11 18 25	1 8 15 22 29
Freitag	3 10 17 24 31	7 14 21 28	5 12 19 26	2 9 16 23 30
Samstag	4 11 18 25	1 8 15 22 29	6 13 20 27	3 10 17 24 31
Sonntag	5 12 19 26	2 9 16 23 30	7 14 21 28	4 11 18 25

	September	Oktober	November	Dezember
Montag	2 9 16 23 30	7 14 21 28	4 11 18 25	2 9 16 23 30
Dienstag	3 10 17 24	1 8 15 22 29	5 12 19 26	3 10 17 24 31
Mittwoch	4 11 18 25	2 9 16 23 30	6 13 20 27	4 11 18 25
Donnerstag	5 12 19 26	3 10 17 24 31	7 14 21 28	5 12 19 26
Freitag	6 13 20 27	4 11 18 25	1 8 15 22 29	6 13 20 27
Samstag	7 14 21 28	5 12 19 26	2 9 16 23 30	7 14 21 28
Sonntag	1 8 15 22 29	6 13 20 27	3 10 17 24	1 8 15 22 29

«تاك»

1 **Tag** ist 24 Stunden lang.

«فوخِه»

1 **Woche** ist 7 Tage lang.

«مونات»

1 **Monat** ist zwischen 28 und 31 Tagen lang.

«يار»

1 **Jahr** dauert 12 Monate. Das sind 365 oder 366 Tage.

1 Lerne die Wochentage auswendig.

- **Montag** «مونتاك»
- **Dienstag** «دينستاك»
- **Mittwoch** «ميتفوخ»
- **Donnerstag** «دونَاستاك»
- **Freitag** «فرايتاك»
- **Samstag** «زامستاك»
- **Sonntag** «زونتاك»

2 Lerne die Monatsnamen auswendig.

1. **Januar** «يانوَا»
2. **Februar** «فيبروَا»
3. **März** «ميرتْس»
4. **April** «أبريل»
5. **Mai** «ماي»
6. **Juni** «يوني»
7. **Juli** «يولي»
8. **August** «أوغوست»
9. **September** «زيبتِمْبَا»
10. **Oktober** «أوكتوبا»
11. **November** «نوفِمْبا»
12. **Dezember** «ديتسيمبا»

«لِيْتا» «ميليليْتا»

1 Liter = 1 000 Milliliter
1 l = 1 000 ml

1 Verbinde.
Beachte den Kasten.

15 ml	1 l
750 ml	150 l
100 ml	250 ml
	10 l

2 Richtig ✓ oder falsch ✗?

Badewanne

Becher

Flasche

Eimer

Die Badewanne fasst mehr als der Eimer. ☐

Der Becher fasst mehr als die Flasche. ☐

Die Flasche fasst weniger als der Becher. ☐

Der Eimer fasst weniger als die Badewanne. ☐

1 Rechne die fehlenden Zahlen aus.

2	5	7			
10	2				

10	11				
				39	60

2 Probiere aus. Ist das Ergebnis richtig ✓ oder falsch ✗?

3	3	6	9	15	24 34	✗
3	5				34	

3	4				34	
3	6				34	

3 Probiere auf einem Notizzettel aus. Schreibe die richtige Lösung.

9					37
33					264

24					122
	16			58	

4 Rechne die fehlenden Zahlen aus.

5 Probiere auf einem Notizzettel aus.

1 Baue Türme aus , , und . Male sie.

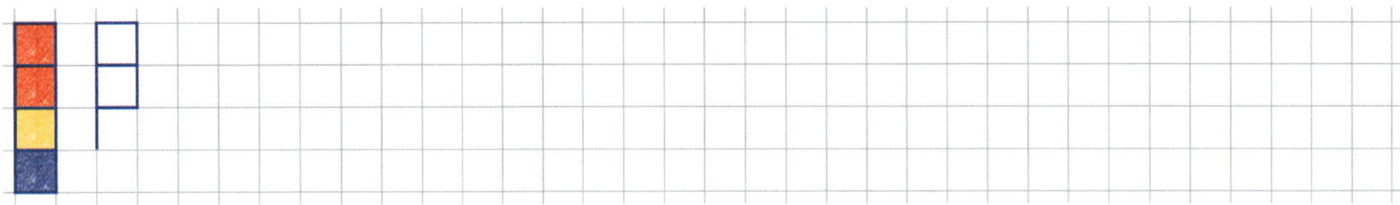

Es gibt ___ Möglichkeiten.

2 Carlos hat 2 Hemden () und 3 Hosen (). Wie viele Möglichkeiten hat er, um sich anzuziehen? Löse die Aufgabe mit dem Baumdiagramm.

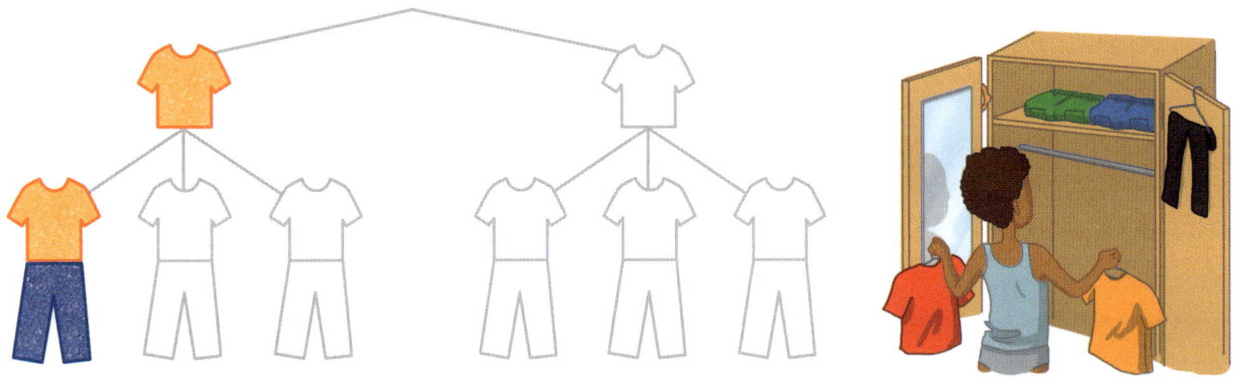

Carlos hat ___ *Mö*____________, um sich anzuziehen.

3 Wie viele Möglichkeiten gibt es, aus den Bausteinen Häuser zu bauen?

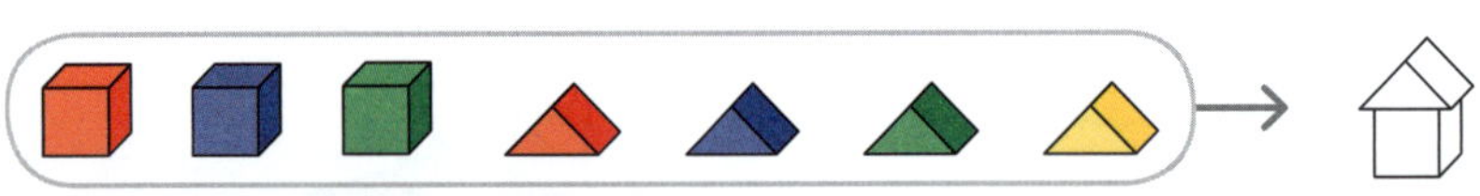

Es gibt ___ ________________.

1 Trage die richtigen Wörter ein.

«قارشاينلِش» wahrscheinlich

«زِيْشا» sicher

unwahrscheinlich «أُنقارشاينلِش»

unmöglich «أُنموكْليش»

Es ist ____________________, dass das Glücksrad gelb zeigt.

Es ist ____________________, dass das Glücksrad blau zeigt.

Es ist ____________________, dass das Glücksrad blau, rot oder grün zeigt.

Es ist ____________________, dass das Glücksrad rot oder grün zeigt.

2 Verbinde die Glücksräder mit den passenden Sätzen.

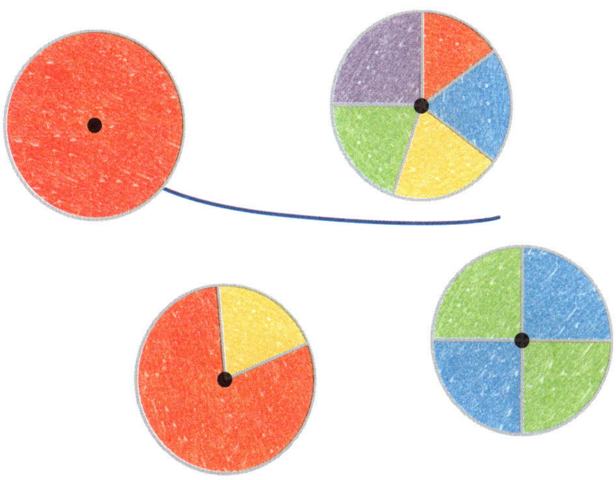

Das Glücksrad zeigt oft rot.

Das Glücksrad zeigt immer rot.

Das Glücksrad zeigt nie rot.

Das Glücksrad zeigt selten rot.

Die **Sachaufgabe** «زاخ أوف غابِه»

Landwirt Krause zäunt seine neue Weide ein. Sie ist 50 m lang und 30 m breit. Das Tor soll 4 m breit sein. ← **Informationen** «إنفورماتسيون»

F: Wie viel Meter Zaun benötigt er? ← **Frage** «فراغِه»

L: ← **Lösungsweg** «لُوزونغسفيك»

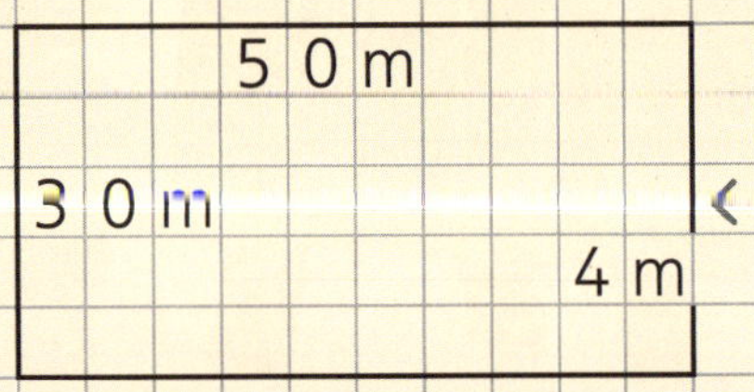

← **Skizze** «سكيتسِه»

50 + 50 = 100

30 + 30 = 60 ← **Rechnung** «رِشنونك»

100 + 60 − 4 = 156

A: Er benötigt 156 m Zaun. ← **Antwort** «أَنتفورت»

1 Welcher Teil einer bearbeiteten Sachaufgabe ist es? Schreibe auf.

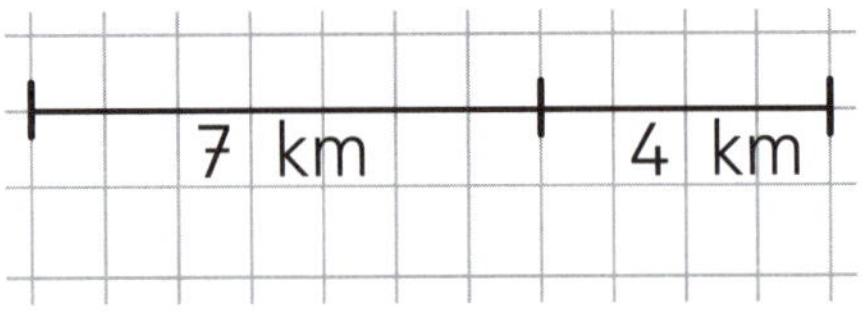

Sk

Frau Helbig geht einkaufen. Sie kauft 12 Eier zu je 29 ct und 2 Liter Milch für 1,09 € pro Liter.

Insgesamt geht Felix 11 km.

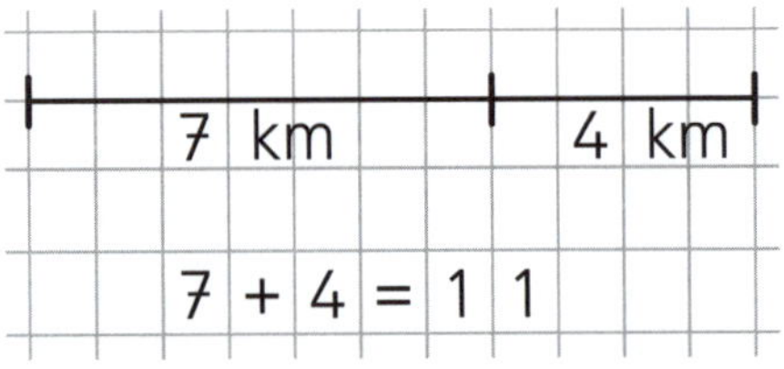

7 + 4 = 11

Wie viel muss Frau Helbig bezahlen?

	3,48 €
+	2,18 €
	5,66 €